博物館展示の理論と実践

里見親幸 著

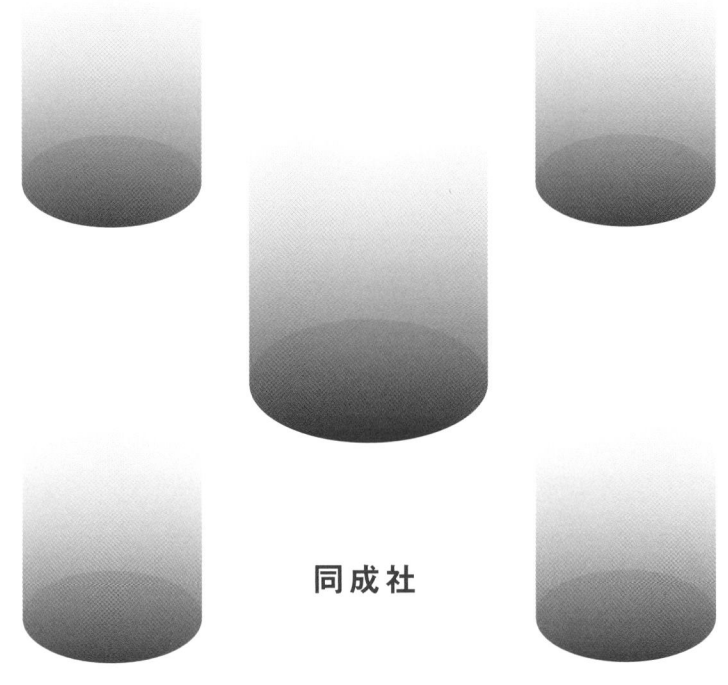

同成社

はじめに

　日本では、1980年代から1990年代にかけて、各自治体が競うように博物館を建設した。これらの博物館は展示テーマを決めてからモノを集めるケースが多かった。一方、欧米の博物館が造られる背景には、先に多くのコレクションがある。そして、展示を通して自然界に産するモノや人類の生み出した成果であるモノから学び、次なる智恵を生み、モノは創造力の源泉として大きな役割を果たすとして、博物資源のストックは将来を見据えて戦略的に位置づけられているようである。日本の博物館数は、8000館を数える世界でも屈指の多さであるが、博物館が持つ潜在能力を引き出すようモノの持つ可能性を改めて重視する必要があるのではないだろうか。

　ICOM（International Council of Museum；国際博物館会議）の定義によると、博物館は教育を目的とする機関であると定められている。そして、博物館は、社会の要請を踏まえた生涯学習機関としてのあり方が求められ、その役割が期待されている。つまり、博物館は社会教育機関として、社会からの多様な要請に応える学習資源であると位置づけられ、博物館の持てる資料・人材・施設を活用し、他の教育機関と連携協力して、幅広い年齢層の人びとの価値観に基づいて学べるように支援する役割が求められているのである。博物館の社会的使命は、生涯学習の場として「展示」を中心に観客に「見せ・感じ・学び」を提供して、自らが「鑑賞・学習」を進めるよう支援することにある。

　博物館で展示を行うためには、まずモノがなければならない。モノがあってこそ博物館である。モノは学芸員と出会って、学術的な価値が定められ学術資料となり、ストーリーに基づき配列されて、初めて展示となり人びとに理解される。

　モノを集める意味において「収集」と「蒐集」の表記があるが、この違いはきわめて重要である。収集は、集めて収めるという意味であるが、一方の蒐集には「根気と気力、情熱、お金をかけて探し求め、蒐めに集めるという執念が

蒐集という言葉に込められている」と倉田公裕氏は述べている。博物館ではこの「蒐集」の文字を使う方が、博物館の目的・理念が込められておりふさわしいといえる。

　モノの充実こそ博物館の博物館たる所以である。展示を成立させるために不可欠のモノは、学芸員によって意義が定められる。そして多くの人びとにモノの価値を提示するために展示室が用意される。展示室は観覧者にとってモノと出会う場であり、出会いのあり方に最もふさわしい表現を考えるのが「展示」である。その展示の理論と方法について研究するのが、この本の目的である。

　本書には、事例として、博物館展示室の写真を数多く掲載しているが、これらは著者が長い年月の間に撮影し集めたもので、現在は存在しない展示・展示物も多く含まれている。本書の目的は、博物館の「いま」を追うことではなく、普遍的に優れた展示のあり方について考察することにあるので、どうかご了承いただきたい。

目　次

はじめに

第1章　展示とは何か……3
1. 日本ディスプレイ略史　3
2. 展示の諸類型　14
3. 博物館の展示　20

第2章　博物館における学び……29
1. 博物館と生涯学習　29
2. 博物館と学校　32
3. 子どもと博物館　34
4. 博物館と創造力　38
5. 博物館と地域づくり　42
6. 展示の社会性　46
7. 展示と回想法　50
8. 展示とコミュニケーション　52
9. 展示教材—ワーク・シート—　55
10. ハンズ・オン展示　58

第3章　展示空間の構成……63
1. 展示設計と建築設計　63
2. 博物館をつくる流れ　66
3. 展示シナリオ　70
4. 展示空間のつくり方　72

5．展示ケース、展示台・展示具　82

　　6．動線計画　90

　　7．視線計画　96

第4章　展示の芸術性・物語性・共感と感動　………… 101

　　1．展示の芸術性　101

　　2．展示の物語性　106

　　3．共感・感動の展示　109

第5章　展示の科学　……………………………………… 115

　　1．資料の保存と展示　115

　　2．展示照明と保存科学　117

　　3．エアタイトケース（密閉型展示ケース）　121

　　4．美術工芸品の保存と展示法　123

第6章　展示の解説と造型　……………………………… 133

　　1．展示の解説　133

　　2．造型展示物（模型・パノラマ・ジオラマ・人物模型）　149

第7章　展示照明　………………………………………… 165

　　1．照明計画の要点と課題　165

　　2．展示の芸術性と照明　168

　　3．展示照明の効果　169

第8章　展示評価の現状と課題　………………………… 187

　　1．博物館における展示評価とは　187

　　2．企画段階評価　188

　　3．形成的評価　188

4. 総括的評価 190
  5. 展示評価の課題 193

第9章 さまざまな博物館の展示 197

  1. 大学博物館 197
  2. チルドレンズ・ミュージアム 199
  3. エコミュージアムと観光 202
  4. サイトミュージアム（遺跡博物館） 208
  5. 動物園 211
  6. 水族館 214
  7. 植物園 216
  8. 野外博物館 218
  9. 小さな博物館 222
  10. 展示とミュージアムサービス 224

参考文献 227
おわりに 229

博物館展示の理論と実践

第1章

展示とは何か

1. 日本ディスプレイ略史

（1）古代──政治と宗教──

　ディスプレイ（display）の語源は、ラテン語の「大勢の人が見つめる」あるいは「折りたたんだものを広げる」であり、「見せる」「陳列する」「飾る」「表示する」「広げる」「誇示する」などの意味をもっている。

　ディスプレイは古来より暮らしのあらゆる面に生じるものである。古くは縄文時代、狩猟生活のなかで力強い文様が見られる縄文土器や、農耕生活の時代は温和な形と機能をもつ弥生土器など、生活の中に装飾や陳列のかたちが見られる。また、庶民の暮らしを彩る歳時記や四季の祭り、さらに人生の通過儀礼や冠婚葬祭、そして、宗教的儀式や政治的儀式までさまざまである。

　古代における顕著なディスプレイの原型としては、誇示し、知らしめる行為として、政治と宗教が両者一体となったディスプレイがあげられる。伝承的な神話、たとえば天照大神の「天の岩戸」神話に見られるニワトリの鳴き声や踊り、鏡や榊を用いた造型なども信仰から出ているディスプレイであり、政治と宗教とが同一の行動として現れており、誇示し、知らしめる行為としてのディスプレイ行動は、両者一体の要請によるものであったと考えられる。

　古墳時代における前方後円墳などの形状と埴輪の配列、そして、内部における装飾画、副葬品の鏡や剣、碧玉などの美しく、整然と巧妙に配置された状況は権力を誇示するディスプレイであろう。飛鳥時代は市の発展が見られ、店舗ディスプレイの原初的な姿が見られる。701年（大宝元）大宝律令が定められ、「東西市」が開かれ、産物が並べられたお店がつくられるようになる。店頭には取り扱う商品の種類を標記することが定められて、看板の原型も生まれ

た。これらの市の店舗は、丸木造りの柱に板葺きの屋根、床は特別な場合以外は土間で、商品は棚にのせるか、地面に筵を敷いて置いたと推測されている。

奈良、平安時代になると国家権力の及ぶ範囲が大きくなり、権力表示のためのディスプレイ行為も大規模になってくる。巨大な大仏を祀る東大寺大仏殿や藤原頼通が造った平等院鳳凰堂などと、そこで行われる宗教的セレモニー、あるいは文化的セレモニーが生まれてくる。平安時代には、中国の儀式などを参考にして政治・宗教・文化などを握る権力者の意志表示としてディスプレイ行為が年中行事として行われるようになる。

(2) 中世──権力の誇示──

鎌倉、室町時代は知的な遊戯に近い文化が定着し、茶人・華道家・画家といった新しい文化専従者が成立する。一方造園の分野では禅宗と山水画の影響を受け、意識的に意味づけをした作庭方法である枯山水が登場する。また、鎌倉時代には、地方市や門前市などが盛んになり定期市が全国に普及した。商工業者の同業組合で、貴族・社寺の保護を受け、商品の製品販売上の独占権を得た「座」が現れる。そして店舗には暖簾なども現れてくる。この頃には、ディスプレイとして特色ある「風流傘」が登場している。風流傘とは、祭礼の際に傘鉾の上に趣向を凝らしたミニチュアを飾った傘の被り物である。ミニチュアの造形物の内容は、当時の人びとの興味の対象を反映し、源平合戦や説話物語に題材をとっていた様子が絵図などに見られる（図1）。この風流傘は、江戸時代に入ると四角の舞台をのせたものも現れ、ジオラマなどのミニチュアの起源の一つと考えることができよう。

安土、桃山時代の信長・秀吉も権力表示にディスプレイ技術を多用している。信長は奇抜なアイディアを持った人であり、城や邸宅などの建造物についてもさまざまな工夫を凝らしている。1576年（天正4）に落成した安土城のインテリアでは、各階ごとにデザインに変化をもたせ、障壁画などの装飾には、

図1　室町時代の風流傘（『祭礼草子』より）

京都御所や金閣寺の前進である北山第のデザインを借用している。秀吉は大坂城内に組み立て式の「黄金の茶室」を造り、千利休が金の茶釜でお茶を点てたといわれている。さらに1587年（天正15）には、京都に聚楽第が落成し、天下に勢威を誇示している。また、秀吉は京都の北野天満宮境内で大茶会を開き、日本中の名茶器を集めようと構想したり、1593年（文禄2）には、肥前国名護屋城外で「瓜畑の遊び」という一種の仮装園遊会を開いており、そこではさまざまな模擬店が設けられたと伝えられている。そのほか大規模な醍醐の花見を開くなど多くの文化催事を開催し、文化面での企画者としてディスプレイの面において記憶されるべき人物であろうと思われる。

（3）近世
①商品経済の発展とディスプレイ
　1603年（慶長8）江戸幕府が開かれて江戸は日本の政治・経済の中心地として発展し、また、大坂も天下の台所といわれる大商業都市となった。このような商品経済の目覚ましい発展のなか、さまざまな店が生まれ、成長し、看板や店舗構成にも意匠を凝らしたディスプレイが現れてくる。

②暖簾と看板
　江戸時代に発達した店舗ディスプレイで重要なものは「暖簾」と「看板」である。サインデザインの発展史としても重要な位置づけがなされる要素の一つである。

　「暖簾」は、禅家において冬季の隙間風を防ぐために用いた垂れ幕の名称であったとされるが、鎌倉時代に入ると日除け、塵除けとして店の入口に下げられるようになっている。そして、室町時代には、暖簾に職種や屋号の模様を描き、商家の目印とするようになった。江戸時代に入ると、出入口だけでなく軒先に横長の水引暖簾が現れ、商品を染め抜いたものや文字を記して屋号とした文字暖簾も生まれ、江戸時代末期には暖簾を下げない商家は見られない程にまで普及した。

　「看板」は、平安京の東西市において店印として取扱商品の種類を標記したものであったが、宣伝の意図を含めて揚げられるようになるのは室町時代以降である。江戸時代に入ると宣伝に加えて装飾の意図が込められるようになり、

江戸中期には、黒塗り金箔の立派なものまでつくられるようになった。数多くの店舗のなかで、看板に意匠を凝らして、最も派手になったのは薬種屋（きぐすりや）であった。薬種屋の看板の最初は薬袋をかたどったものであったが、江戸時代末期には、オランダ語を使ったものなどいろいろな種類のものができ、薬という商品に広告が不可欠であることを示している。

江戸中期以降、看板書きという職種も現れ、江戸はもちろん近国を回って仕事をするようになった。この看板書きこそ、見世物興行の細工師や造園職人とともに、職業としてのディスプレイ業の始祖の一つと考えられる。

③店舗の工夫

江戸中期になると大型店舗がつくられるようになり、店棚の改良も進み、夜間は折り畳むことができる「張り出し棚」もつくられるようになる。店舗の工夫において特徴的な二つの事例を以下に示す。

衣料品店の三井越後屋（現在の三越）は、「現金掛け値なし」という反物の切り売りなどの新商法を導入しており（当時は後日の掛け（ツケ）払い、売買単位は１反単位であった）、この販売方法は呉服業界では斬新であり、現金払いを要求する一方で良質な商品を必要なだけ安価で販売した。商品別に担当者（番頭）を決め、一人が一品しか扱わない制度として完成された販売方法である。担当者の名前とともにミニチュアの衣服が空中につり下げられ、遠くからでもほしい商品がわかるような方式が試みられていた。

こうした店内空間を巧みに利用する方法とは対照的に、上野池之端の勧学屋錦袋園という薬種屋は、客を店内に一歩も入れないユニークな販売方法を採っている。店頭に大きな格子を組み、格子越しに商品を受け渡す方法をとって、高貴な薬や毒薬を扱っていることを誇示宣伝するための意識的な演出であったと考えられる（図２）。その他、大福帳屋は、注文に応じて客の前で、白紙の表紙に「大福帳」と達筆で書き、炭火で乾かして渡すというパフォーマンスを行ったり、店頭に設けた小さな水車と連動して、操り人

図２　勧学屋錦袋園の店先

形を踊らせて客を呼ぶ店なども登場する。

④**見世物**

　見世物という語が発生し、興行として一般化していくのは、慶長年間（1596〜1615年）に出雲の阿国が京都で歌舞伎踊りを演じ、各地で女歌舞伎が盛んになっていった時期と重なる。見世物の内容は（1）技術・芸能、（2）自然の珍奇物、（3）人形や細工物、に大別される。興行場所としては、主に寺社の境内や河原が利用され、明治時代に至るまで常設の興行場所を与えられず、仮設小屋での興行が続いた。自然の珍奇物、人形や細工物は、ディスプレイと密接な関係をもっている。京都の四条河原や大阪の道頓堀などでは「からくり人形劇」など、さまざまなからくりが盛んに催されている。江戸にこのような見世物が移入されるのは寛文年間（1661〜1673年）であり、またこの時代に劇場用の文字看板が盛んになる。

　一方、各寺院が広く信者の崇拝を集めるため、秘仏や宝物を公開するという「開帳」が盛んになったのもこの頃からである。この時期に菊人形も現れる。菊人形の原型といえるのは、1804年（文化元）大阪の難波新地で行われた菊細工の大仏（座像）であり、江戸では50軒以上の菊細工師がさまざまな造形物をつくり庶民に楽しみを与えた。

　江戸時代という平和で経済力の高まった世のなかで、人びとの文化への欲求は高まり「見世物」は、人びとに共通の話題と、何かしら新しい知識を与えた。興行師達は、この知識欲に目覚めた人びとが何を欲しているかを捉えて、新鮮で、目先の変わった興行をしようと、企画を練り、技術を研磨していった。江戸中期以降に興隆した蘭学の影響で開催された「物産会」は、博物知識普及の柱となり、博覧会の萌芽とも言うべきものである。「物産会」の最初は、1757年（宝暦7）平賀源内が薬品会を中心にしたもので、江戸湯島天神の近くで開催された医学や本草学などに代表される博物学の普及を図るものであったようだ。近代ディスプレイの思想は、このような物産会によって、医学や本草学などに代表される博物学の普及を図るところから成立しはじめた。

⑤**初めての博覧会**

　日本における博覧会の歴史は1867年（慶応3）パリ万国博覧会に幕府と薩摩・肥前の両藩が出展した時に始まる。日本の出品物は、磁器、ガラス器、日

本刀、象牙細工などの工芸品が主であった。また、会場には檜造りの茶屋が建造されている。

（4）近代
①明治日本の博物館のモデルは産業振興館

1871年（明治4）に岩倉使節団として日本の指導者が海外へ視察に出る。今では考えられない1年11か月もの長い間、海外のものをどのように採り入れたらよいかを真剣に模索して帰ってくる。彼らが感心し、報告書のページ数が最も多かったのは、イギリスのサウスケンジントン博物館であったといわれる。1851年ロンドン万国博覧会の出品物をもとにサウスケンジントン博物館がつくられ、この博物館は産業教育振興館（物産館）であった。当時欧米では万国博覧会が開かれていた。第1回目はロンドン（1851年）、第2回目はニューヨーク（1853年）、そして第3回目はパリ（1855年）で開催され、世界の国々から最新のものや珍奇な物産が集められ展示され、我が国も産業を振興しなければならないという国策を考えることになる。明治日本の博物館のモデルの出発点は、物産館、見本市などを見て帰ってきて、それらを振興するために作られたものであり、今あるような学問的な博物館ではなく、産業振興館の要素が強いといえる。これが明治の博物館思想であった。

②内国勧業博覧会

1877年（明治10）8月21日、東京上野公園で政府主催による第一回内国勧業博覧会が開催された。企画者は初代内務卿の大久保利通である。大久保は、博覧会が産業の近代化・工業化のために大きな役割を果たすものであることを十分に認識していた。この富国強兵の基礎である殖産興業政策に多額の経費を費やしている。

3万坪の会場には美術館・農業館・機械館などを設け、正門の上部には大時計を据え、会場中央には噴水のある池が作られた。夜間には、特殊照明による装飾が華を添え、特に東京府瓦斯局による「花瓦斯」が人びとの眼を驚かせた。

内国勧業博覧会は、以後1903年まで5回にわたって開催され、次第にその規模を拡大していった。そのなかでディスプレイとして特色があったのは第5

回博覧会（1903年）である。イルミネーションを多量に用い、不思議館やウォーターシュートといったアミューズメントの要素が加わり、高さ44メートル余りのエレベーター付きの広告塔が登場している。第6回博覧会にあたる1907年（明治40）に行われた東京勧業博覧会では、主催者が地方自治体に移り、以後博覧会の主催者は地方自治体や博覧会協会、勧業協会などの民間団体や新聞社となる。

博覧会は次に述べる共進会とともに、産業技術の発展に大きな役割を果たした。

③共進会

共進会は内国勧業博覧会と並ぶ明治政府の勧業政策で、政府・地方官庁が優秀な農工産物を一般から出品させて、生産技術の交流、向上を図った。初めての共進会として、1879年（明治12）「製茶および生糸繭共進会」（内務省主催）が横浜本町町会所で開かれている。翌年には、大阪で当時最大の輸入品であった綿花と砂糖の国内生産を発展させる意図で「綿糖共進会」が開かれている。以後、明治10年代にわたり各地で、生糸・織物・茶・煙草その他の農産物など、数多くの共進会が開かれている。このような共進会のなかで、最大規模のものが、1885年（明治18）4月1日に東京上野で開催された「繭糸織物陶漆器共進会」（農商務省主催）である。そして、明治中期を過ぎると、民間主催の展覧会が増加し、1901年（明治34）には三越の「第一回新柄陳列会」が開かれている。これが後の百貨店内の文化催事（展覧会）へと発展することになる。

④共進会から展覧会へ

大正時代に入ると、展覧会は、その種類・回数とも層が厚くなった。たとえば、1917年（大正6）5月には白木屋で「角力展（すもう展）」が開かれている。白木屋が力士の化粧まわしを調製していたところから、新調した横綱の化粧まわしなどを中心に相撲文化を一堂に集めたものである。このような段階を経て、1928年（昭和3）頃には、各百貨店は専用の催事場を備え、文化催事が盛んに開かれるようになった（白木屋：東急百貨店日本橋店と改称し1999年閉店）。美術品では、1940年（昭和15）11月、戦前における最も代表的な展覧会の一つである「正倉院御物第一回特別展覧会」が上野の帝室博物館本館

で開催され、20日間の会期中に41万7000人の入場者があった。

（5）現代
①経済成長による見本市とディスプレイ業

「展示」という言葉が使われる前は、「陳列」や「展覧」という言葉が多く使われており、文献に確認できる「展示」の用例は、明治10年にさかのぼるとされる。

展示という言葉が現在と近い意味で使われるようになるのは、第一次世界大戦と第二次世界大戦の間の時期に国民への国策宣伝のために行われた展覧会の時期ではないかと川合剛氏は述べている（川合 2010）。

戦後1952年（昭和27）にサンフランシスコ平和条約が発効するとともに、通商貿易の振興を目的にした国際的な見本市が開催されるようになる。1954年（昭和29）4月大阪において第1回日本国際見本市が開催された。翌55年には東京で開催され以後毎年交互に開かれるようになった。

今まで経験した博覧会・展示会とは質的・量的に格段の差を感じる展示を経験することになる。国際見本市は経済の高度成長と歩みを合わせ出品国・取引総額も増大し、1965年から66年頃に最高潮に達する。国際見本市は、日本商品の海外における展示会の開催を促進する契機ともなり、主催は主に日本貿易振興会が行った。

②ディスプレイデザインの転換期

戦中・戦後と長く続いた困窮と忍耐の時代も、1960年代に入り終焉を迎える。大衆化が進み経済の高度成長は生活様式にも急激な変化をもたらした。楽しめるファッション、おいしい食べ物、快適な空間へ欲求も高度化し、感覚も洗練されつつあった。さらに欧米からモノと同時に最新のデザインが流入してくるとともに、人びとのデザインへの関心が高まり、ディスプレイデザインも単なる陳列・装飾の段階から、目的・方向を持ち、空間を演出することが要求されはじめた。

③ディスプレイ業への新しい社会的認識の誕生

1962年（昭和37）、鉄道開通90周年を記念した「伸びゆく鉄道科学大博覧会」が晴海で開催されている。会場の広さは11万㎡。晴海埠頭行きの貨物鉄

道用線路から引き込み線を敷設して実物車両 31 輛を運び込み、陸蒸気時代の「義経号」や松山に保存されていた「坊ちゃん列車」、D51、C62 などが 800 m の特設レール上に雄姿を現した。中央ドームは「鉄道館」。その入口には「夢の超特急・新幹線」の実物大模型が据えられた。新幹線はこの年の 4 月 25 日に第 1、第 2 号が完成、試運転を開始したばかりである。「物産観光館」には、全国 47 都道府県から出品された小間が並んだ。地方博・見本市で蓄えた商品を見せるノウハウは、「物産観光館」に集約され、文化教養の知識はパノラマ・大模型・パネルを多用して「鉄道館」に集約された。この鉄道博を成功裏に終えたことの意義は、予想以上に大きかった。企画の立案から、実質的な運営に及ぶ過程を展示業者が担い切ったことは、ディスプレイ業自体が、それまでの「看板屋」「装飾屋」という一般認識から脱皮し、新しい社会的先端産業として再認識されるきっかけとなった。

④**文化施設の展示へ**

ディスプレイとしての展覧会には、美術展などの学芸系展示と博覧会や見本市などの商品系展示に分けられる。初期における百貨店内での啓蒙的一般展示は、学芸系展示と商品系展示双方の方法論と技術が混在していた。その後、百貨店内での重要文化財の展示は保安管理・保存科学上の限度があることから学芸系展示は博物館に移され、携わる展示業者は博物館で実績を積むことになる。学芸系展示を行うにあたっては、展示物に対して保存科学的側面からの配慮が必要であり、学問的な素養が不可欠となる。単なる装飾・展示だけでは済まない総合的な視野と知識、効果的にディスプレイする技術が必要とされた。従来の展示からソフトや技術を編集する総合的ディスプレイ効果を活かし、難しい学問の世界をわかりやすく楽しく見せる展示へと新しい形式を創り出していった。

⑤**海外の最先端技術に学ぶ**

1964 年 4 月から 65 年 10 月まで、2 年にわたって「理解を通じての平和」をテーマに「ニューヨーク万国博覧会」が開催された。日本館に参加した国内企業は電気・光学・鉄鋼・繊維などの有力 16 社。施工費も 1 間 1 億円近くと、それまでの海外見本市とは比較にならないほど高額となり、それに見合うデザインが要求された。このニューヨーク万国博覧会が、世界の博覧会および

ディスプレイ業界に与えた影響は大きい。それまでの万国博覧会は産業博としての性格をもっていたのだが、ニューヨーク万国博覧会は、ゼネラルモーターズ（GM）、フォード、クライスラー、ゼネラル・エレクトリック（GE）などの大手企業によるコンピュータと高度な演出技術を駆使したダイナミックなアトラクションが行われ、その後の万国博に新しい性格を付与することになった。GE館やペプシコーラ館などはディズニーが演出し、等身大の人形が動いたり、話したり、笑ったりするアトラクションに多くの人が驚きと感動を得た。ニューヨーク万国博覧会は博覧会の展示方法に新しい分野を開くもので、まさにアミューズメントの大祭典であった。このようにアメリカの大企業が中心となって、娯楽的要素をふんだんに織り込んだ展開が行われるなかで、日本のパビリオンは非常に真面目で過去の商品見本市の性格を脱していなかった。帰国後、ニューヨーク万国博覧会の膨大な資料をもとに国内のディスプレイ技術は、ダイナミックに展開され、アトラクティブな演出など、単なる美しさ、面白さを超越した、感動させる技術といった世界のディスプレイ水準、技術が研究された。

⑥大阪万国博覧会

1964年のニューヨーク万国博覧会の後、1967年4月から10月の会期でモントリオール万国博覧会が、「人間とその世界」をテーマにカナダ建国100年祭として開催された。これは映像時代の先駆的な博覧会と評価されている。モントリオール万国博覧会に日本が参加することは、来るべき1970年の大阪万博への準備をスムーズに遂行させる試金石でもあったようだ。日本から多くのメンバーが視察し調査を行っている。1965年には財団法人日本万国博覧会協会が発足していたため、当時は博覧会の準備に入っていた協会であるが、内部では建築優先の志向が強く、まずパビリオンを建ててから、中の展示にとりかかればよいという考え方が圧倒的であり、展示業者がタッチする段階ではないということであった。海外博覧会の調査から学び、「建物の建築設計段階から内装・展示部門の設計参加が必要である」と展示業界は主張していたが、まだ当時は一般的には建築優先の考えが強かった。ディスプレイデザインという特殊専門業種に対する認知が、いまだなされていなかったともいえる。逆にいえば、万国博こそ、ディスプレイ業に対する認識を高める好機でもあった。日本

ディスプレイ業団体連合会および万国博のために組織された日本ディスプレイプロデューサー協議会は、万国博担当大臣へ「日本万国博覧会のディスプレイに関する意見書」を手渡し、万国博におけるディスプレイの重要性を説明した。準備状況は建築躯体に重きが置かれディスプレイに対する配慮が低いと指摘され、観客が観覧し、楽しみ感動するのはディスプレイであることを強調した。大阪万国博覧会は、展示業界が社会的評価を高める一因ともなった。

⑦本格的な博物館展示の始まり

博物館展示に十分な時間をかけ本格的に取り組む博物館の模範として、横須賀自然・人文博物館があげられる。同博物館の企画段階から開館までの足取りは、1966年4月から9月の間に基本シナリオを作成、同年10・11月にパイロットプラン、1968年2月から実施設計に入り、制作完了した1970年10月まで実に4年半の月日を要している。今までの博覧会・展示会での短期間で仕上げるスケジュールとは違い、横須賀市博物館の進め方は、構想→計画→設計→製作の流れで行われ、博物館に取り組むモデルとなり、ソフトをじっくり固め推進する業務といった特色ともなった。

1970年代後半から1980年代にかけて日本における博物館の数は飛躍的に増加した。戦後経済の異常なまでの高度成長の波に乗って訪れたのが、県政百年や明治百年の記念事業であった。その記念碑的な事業において県立博物館などの大型館が各地に次々と誕生していった。展示方法も従来型の博物館から新しい博物館を目指して変化した。「開かれた博物館」として多くの市民に利用してもらうためにはどうあるべきか、展示の面でもさまざまな研究が行われた。

⑧展示技術の発展

展示技術面においては、1970年に開催された「大阪万国博覧会」でさまざまな展示の実験が行われ、ミュージアムデザインに大きな影響を与えた。万国博覧会の展示技術は、その後の博物館に多く採り入れられ、古い博物館陳列から新しい博物館展示へ転換するきっかけのひとつになったと考えられる。また1980年代、神戸で開催された「神戸ポートアイランド博覧会（1981）」の成功を皮切りに地方博覧会ブームが起こり、文化行政が地方自治体によって進められ地域の文化センターとしての期待を担って、各地に多くの博物館が誕生していった。

さらに、博物館の演出技術面において影響を与えたと考えられるのは各地に誕生したテーマパークである。なかでも 1983 年に開設された「東京ディズニーランド」は、疑似体験・疑似空間の楽しさを演出し、ミュージアムの展示に少なからず影響を与えた。そして 1985 年に迎えた「筑波科学万国博覧会」において、見せる展示技術の集大成ともいうべき技術的成果をもたらした。こういった背景のもとに博物館の展示技術は、短期的展示である博覧会とは違う恒久展示のための展示素材や加工技術の開発が行われるとともに、映像表現の多様化、ロボットやコンピュータを駆使した演出、模型・ジオラマなど空間演出によるディスプレイデザイン等々、さまざまな技術を集め編む情報産業としての顔が明らかになり、今日の展示産業の役割が認知されるようになってきた。

⑨展示学会の設立

　展示に「学」としての体系化を図る試みは、国立民族学博物館（1977 年開館）の設立頃から機運が高まり、1982 年に「日本展示学会」が設立されたことで始まった。初代会長には国立民族学博物館館長の梅棹忠夫が就任した。梅棹は展示の技術は雑誌の編集や演劇の演出などとならぶ、一種の総合技術であり、複雑な要素を組み合わせて、きびしい制約のもとで最大の効果を上げる技術学でなければならないとし、「応用的情報科学」の一種であり、また、展示、芸術、工学を一体化した「芸術工学」でもあるとした。

　この日本展示学会の設立に参加したのは、文化人類学者をはじめ博物館関係者、展示関係者、デザイン関係者、映画美術関係者らで、展示、建築、造形、グラフィック、照明、映像、音響、コンピュータなどの分野を包括した研究が進められるようになった。画一的ではなく展示目的や対象の違いに応じて、展示の方法にもさまざまなものがあるべきで、それぞれの目的・条件に応じた最適の方法をさぐろうとするところに、技術学の一種としての「展示学」が成立することになるのである。

2. 展示の諸類型

　博物館の展示は、その館種や性格によって、ある範囲内に類型化される傾向

があり、取り扱う展示資料によって各種の展示形態が現れる。展示学の体系のなかで展示の類型とその組み合わせについて考えることは重要である。今後も時代の変化とともに新しい展示企画と技術の革新により新しい形態の展示が開発されるであろう。ここでは現に採用されている展示を中心に整理分類を試みる。

(1) 伝達形式による類型

①パネル展示　②模型展示　③ジオラマ・パノラマ展示　④照明展示　⑤映像・音響展示　⑥メカニック・ロボット展示　⑦演示

　情報を伝えるには、何らかの媒体による展示が必要になる。言語、文字、写真や図表、イラストや絵、映像・音響、照明技術、模型やジオラマといった造形表現による伝達、あるいはメカニック装置やロボットの動きによるもの、人によるデモンストレーション（演示）など、展示媒体による伝達形式の呼称によって分けたものである。

(2) 展示場所による類型

①屋内展示（In-door）　②屋外展示（Out-door）　③野外展示（収集保存型、現地保存型—エコミュージアム）

　博物館内に展示するものを屋内展示と呼ぶ。展示室が中心だが、エントランスホールや廊下を利用して展示することもある。屋外展示は、屋内展示がありそれに対応する意味で使われる。資料が大きくて屋内に入らないもの、屋外環境に耐えられ、屋外の方が展示環境としてふさわしいものが選ばれ、博物館の敷地内に展示されるものである。野外展示は最初から野外を主体に展示するもので、屋外展示とは区別される。資料を他所から野外に集めてきて展示する収集保存型と、現地のその場所で保存し展示する現地保存型があり、現地保存型の代表的なものにエコミュージアムがある。

(3) 展示期間による類型

①常設展示（総合展示、部門展示、テーマ展示など）②短期展示（特別展・企画展）③季節展示（歳時記展示など）④新着資料展示

常設展示は、それぞれの博物館の設立理念に沿った内容を恒久的に展示するもので、長期的展示の姿勢が問われるものである。特別展・企画展は、ある意図のもとに特別に企画された短期展示であり、魅力ある特別展（企画展）は時間と労力、費用もかかるが集客効果は大きい。季節展示は、四季の移り変わりや季節の行事などを展示し、日々の生活の中に潤いを与える。たとえば、美術館でも、桜の季節は桜にちなむ芸術作品の展示などが多く見られる。新着資料展示は、博物館が新たに入手した資料を一般公開する展示である。

（4）移動展示の類型
　　①移動展示　②巡回展示　③貸出展示　④博物館共催展示

　これらは博物館の展示場所を拡大するもので、移動展示は遠隔地の住民のために公民館や市民会館などを会場に展示するものである。巡回展は、学校や病院、幼稚園や老人施設などを巡る普及・教育活動の一環として博物館の利用を広める活動である。貸出展示は展示セットをつくり、主として学校向けに貸し出す活動である。また博物館共催展示は、規模の小さい博物館同士が協力しあい、持ちまわりで全参加館において展示するもので、共催展には新聞社などの報道関係や企業などの共催や後援を得て開くものもある。

（5）展示形態による類型
　　①静態展示　②動態展示（可動展示、動力展示など）　③参加・体験展示（ハンズオン展示など）　④実演展示　⑤実験展示　⑥飼育・栽培展示
　　⑦ワーク・シートによる展示

　静的に観覧する静態展示に対して、展示物を動かしその機能を理解しやすくするのが動態展示である。参加・体験はモノの持っている情報を、視覚だけでなく、体全体で体験を通して感受したり、理解してもらう展示である。飼育・栽培展示は、動物園、水族館、植物園に代表される展示であるが、近年は自然史博物館でも積極的に採用され、生き生きとした様子が観覧者に親しまれている展示である。教育プログラムに基づいて考案されたワーク・シート展示（セルフガイド）は、「モノ」を観察し、「モノ」の見方を誘導する展示である。

(6) 実物資料の扱いによる類型
　　①総合展示(テーマ展示)　②分類展示　③収蔵展示

　総合展示の実物は、展示企画者の考えや主張を証拠づける資料として位置づけられ、多数の二次資料(解説、写真、図表など)とともに、わかりやすく、感動と理解、発見および探究の場を提示する展示である。分類展示は、分類学などの体系により、資料を分類・整理・配列し、研究者や関心の深い学習者に向けた展示である。収蔵展示は、収蔵庫の一部を覗かせたり、あるいは収蔵庫とは別に収蔵展示の部屋を設けて、資料の整理や修復作業など博物館のバックヤードを見せ、なるべく多くの実物を紹介する展示である。

(7) 展示の意図による類型
　　①鑑賞型展示(美術品など)　②説明型展示　③教育型展示

　鑑賞型展示は、モノそのものが持つ芸術的な価値、あるいはモノの美的な価値を引き出すように見せる展示である。対象は主に芸術作品だが自然界に産するものも含まれる。鑑賞を通して感性を磨き情操を養う展示である。説明型展示は、学問的成果など来館者の知的な欲求にこたえることを目的にするもので、わかりやすく解説して理解を深める展示である。博物館の展示は教育活動のためにありすべては教育型展示といえるが、ここでは理工系博物館など教育志向の博物館や、教育プログラムなどを対象にした展示を意味している。

(8) 展示動線上の類型
　　①導入展示(イントロダクション展示)②象徴展示(シンボル展示)
　　③分節点展示(場面転換)④エンディング展示

　展示室における展示の流れを、入口から出口に至る過程のなかで、導入展示で引きつけ、飽きずに最後まで観覧させるために、単調な流れでなく象徴展示やテーマの変わる分節点展示を工夫し、展示に強弱のリズムをつくり、印象深く観覧者の記憶に留められるように山場をつくり、エンディング展示で締めくくるという起承転結によるストーリー展開を図る展示構成を考える展示である。

（9）資料の配列による類型
　　　①時間軸展示　②空間軸展示　③プロセス展示（生産プロセスなど）
　　　④構造展示　⑤生態展示　⑥分類展示　⑦比較・対照展示　⑧象徴展示
　時間軸で変化するすべての事象（歴史、自然、産業など）を時間軸展示とし、空間における位置関係をもとに配列する展示を空間軸展示とする。プロセス展示は物事の過程（出来上がる順序や作業の手順など）を示す展示。構造展示は、たとえば衣・食・住の文化など「モノ」1点だけでは意味を伝えにくい場合に、複合するモノのつながり（構造）を示し理解しやすくする展示である。自然環境の生態を切り取ってきたようにグループで見せる生態展示はジオラマ手法として自然科学系博物館から誕生し、人文系博物館ではある時代を再現して見せるジオラマへと広がっている。資料を分類・整理して並べるのが分類展示であり、比較・対照展示は、異種のモノを比較・対照させることで特徴を際立たせる展示である。象徴展示は、特別に「貴重なもの・美しいもの・大きなもの・テーマを代表するもの」などをシンボリックに空間に配置して見せる展示である。

（10）ジャンルを超えた連携による類型
　　　①博物館と学校展示　②博物館と図書館の結合展示　③MLKA連携の展示　④理工系と人文系の結合展示　⑤回想法展示　⑥マイミュージアム展示　⑦包括的展示
　ここでは、多くの人びとが博物館を活用し、身近に親しむ展示として、今までの類型にはないものであるが、新しい可能性を含むものとして紹介する。①、②、④は後に実例で示す。イギリスで始まった社会教育施設を結ぶMLA（Museum＝博物館、Library＝図書館、Archives＝公文書館）連携に、日本特有の公民館を加えたMLKAの連携も検討されている。既存施設では活動的事業を共に行うソフト対応、新施設では複合施設としてより緊密な連携をめざすもので展示方法にも工夫が求められる。
　回想法展示は、思い出や出来事を統合し、回想の過程においてそれを共有化することで、生きがいや自分を取り戻すなど福祉と結びつけ積極的な意味を見出す展示である。マイミュージアム展示は、個人コレクションや個人のリクエ

ストで見たいモノを展示するなど、博物館を自分化・個人化することによって身近な存在として利用してもらうための展示である。包括的展示は専門化・細分化が進みすぎている現代社会のなかで綜合的に判断する情報を提供する展示である。包括の意味は「個をつないで群とし、さらに多くの群をまとめて群集とすることである」と名古屋大学名誉教授の糸魚川淳二氏は示している。今までのただ専門的分野を束ねるだけの総合的展示ではなく、俯瞰的に捉え、包括的な視座から自然や人間社会を考えるもので、フランス国立自然史博物館、滋賀県立琵琶湖博物館が包括的展示に近い展示形態である。未来社会に向け新たな創造のヒントを与える可能性を持つ展示類型である。

実例　博物館と学校展示　ミュージアムパーク茨城県自然博物館は、博物館の持つ専門的機能を活かし、地域の学校や生涯学習関連施設などとの連携を図り、環境学習のプログラムを計画し実践するモデル事業（平成10年、文部省委託事業）を行った。環境学習の場「エコプレイス」として各学校・施設に自然展示室をつくり、共通するグローバルな視点とローカルな視点から環境について学習する展示を構成する考えである。周辺に自然観察園を設定し、ここで観察されるきめ細かな自然情報を博物館に集積し、博物館の専門性を活かし、情報提供や教材開発などの指導・助言を提供する試みである。一過性のモデル事業ではなく継続的に行われることが望まれた展示形態である。

実例　博物館と図書館の結合展示　兵庫県立歴史博物館は、「ひょうごの歩み・ひょうごライブラリー」において、実物資料と6千冊の図書資料を収蔵・展示している。身近に実物を見ながらじっくり図書を開いて深めることができる展示スペースである（図3）。

実例　理工系と人文系の結合展示　国立科学博物館日本館には、小さな展示ケースの中に観覧者の身近な生活とのつながりを模型で表現した「コラム展示」がある。「渡り鳥が知らせる麦まきの時期」「害獣供養鹿踊り」など、サイエンスと暮らしや文化、アートと食とのつながりなど、自然科学を扱う博物館の主流ストーリーではない

図3　ひょうごの歩み・ひょうごライブラリー

が、ジャンルを超えた展示である。

3. 博物館の展示

（1）陳列から展示へ

　陳列は「見せるために物品を並べること」であり、展示は「品物・作品をならべて一般の人に見せること」と広辞苑には示されてある。陳列の「陳」の語義は「ならべる」「のべる」と同時に、陳腐のように「古いこと、ふるくさいもの」の意味もある。モノ（資料）を並べるなかでも、モノを中心としているのが「陳列」であり、ヒト（観客）に見せることに焦点を当てているのが「展示」と解釈できる。展示は単なるモノの陳列ではなく「ひろげて示す」ことであり、そこには人に積極的に見せようという意識があり、コミュニケーションの一つの形態である。つまり、意味があり、目的を持って、大衆に「見せる」ことである。展示は「モノ＋情報資料等（解説、写真、絵、図表、情報通信技術）」によって会得させ、理解を深めることである。つまり「モノで見せ、語りかける」展示を構成することでなければ、幅広く多くの人びとに博物館を利用してもらうことはできない。

　展示という言葉には、英語ではディスプレイ（display）とエキジビション（exhibition）の2つの表現がある。生物学用語にいう「ディスプレイ」は、動物が求愛や威嚇などの際、音や動作、姿勢などで相手に誇示するための特定の行為とされており、生物自体が保有している動作が、最も原初における「ディスプレイ」であろう。エキジビションは、ラテン語のex（out）hibitio（引き渡し・呈示・展覧）を語源とする言葉であるといわれる。ディスプレイは商業的な展示がふさわしく、博物館展示はエキジビションがふさわしいと考える。

（2）博物館の展示とは

　展示とは、学芸員の研究成果を表現する形態の一つである。学芸員の思想、研究を、資料や補助資料を媒介にして示すのが展示であり、博物館の顔といわれる展示は、人びとと接触する重要な学芸員と観覧者の出会いの場である。そこでは、単に観客にモノを見せるだけに留まらず、モノの周辺情報を含めて理

解しやすく提示し、教育的配慮の下に「見せる」ことである。ここでいう教育の意味は、学校教育のような知識を教え込むという形態ではなく、広く人間としての教養をもたせ、「モノ」に近づき、あるいは見ることによって、自発的に興味と関心を持たせ、よりよき生活に役立たしめるという広い意味の教育である。そして、大事なことは自ら考えることを促すものでなければならない。博物館展示は専門家ではない観客に「わかりやすく伝え」自ら考える手がかりを与えることにある。自らが考えるようにするためには、単に表面的に見る受動的行為から、「何だろう」「視たい」「知りたい」という気持を抱かせ、引っ張り込み、見る人の積極的な動機づけに導くようにしなければならない。博物館は他のメディアと違い実物を用いて教育するという独自の方法をとることができる。そのためには、見せるための技術（art techniques）が必要であり、技術とはある目的を達成するための物理的操作を行うことであり、そのためには資料の配列、美しい空間配置や装置のデザイン等々、興味を引くさまざまな工夫が重要となる。

　また、博物館展示は、モノや解説から情報を得たり、心を動かされたりするところから、展示室は市民社会のなかでのコミュニケーションの場であるとされている。新聞、テレビ、インターネットなどの文字や映像、音響を媒体とするコミュニケーションとは異なり、博物館展示はモノを中心にして、伝えたいコンセプトを示し、その意味や価値を展示して見せるとともに、学芸員（研究者）の考えや主張をわかりやすく表現することによって、一般市民に考えさせる何かを提示して、それによって触発された観覧者自らが探求へ発展していくよう、理解から創造へ誘導するコミュニケーションの役割が大きい。理解から創造へ導くためには、専門家ではない一般の人びとに対して、モノや解説だけで示す静的展示ではメッセージは伝わりにくいので、「モノで見せ、語りかける」展示にしなければならない。あるテーマのもとに語りを展開して見せることになるが、展示の「語り」とは、あるストーリー（筋）が考えられ、それに従って必要と思われる資料が選択され、そして、選択された資料を解説や写真、図表などと共に、空間（ケース内や展示スペース）に展べ広げて示すことである。

　そこでは、複数の資料を通じて、その基底に流れるストーリーを見せ、個々

の資料は、具体的に展示空間との関係からどのような配列の順序にするか、モノとモノの間をどのぐらいの間隔を空けて見せるべきか、展示あるいは展示資料を印象づけるには、どのようなレイアウトで見せれば効果があるかなどについて考えなくてはならない。展示はモノ自身が語りかけるのを聞くだけでよいと述べる人がいるが、すでに価値観を持っている人がモノに接して、モノからその持っている諸情報を引き出せる場合にのみ、初めて言えることである。無言の資料の声を聞くことができるのは、資料の語りかけを聞く能力を持っている専門家や知識を持った限られた人達である。博物館が対象にすべき専門家ではない人びとに、自らは何にも語らない実物資料（モノ）の意味を伝達するめ、グルーピングや比較対照させ、あるまとまりとして見せることで意味を与え、意義を伝えるのが博物館展示の務めである。そのためには、観覧者にいかに興味を持たせるか、どのように関心を引きつけるかについて考えなければならない。それには、①企画が面白い、②資料選択がよい、③効果的な展示方法である、という３つが重要な要素である。

　モノが陳列され簡単な解説が付いている程度では一般の人を引きつけることはできない。まずは優れた展示シナリオ（脚本）を作成し、吟味された資料に心を引かれるように並べ、実物資料の前後左右に２次資料（図表・写真・映像・模型・ジオラマなど）を置いて「語り」の展示を構成することが重要である。さらに照明のライティングや色彩のバランスを考え、美しくデザインされた展示を作成し、人びとがモノへ近づくように興味を持たせ、積極的に人に語りかけるようにすることが求められる。無言の資料の声を日常用語に翻訳するのが学芸員の重要な仕事であるといえよう。

（３）展示演出

　展示には演出性が要求される。一般的に演出という言葉には何がしかの解釈をほどこすことという誤解があり、演出はせず中立的に見せるべきだという意見も少なからずある。しかし、ここでいう演出とは、資料の特性を活かし、他との関連においてその特徴を明らかにすることの技術であり、専門性の高いテーマをわかりやすく、見やすい流れを作りだし、煩雑にならないように整理してまとめることである。

展示は舞台演出と類似しているといわれる。倉田公裕氏は、「モノと空間との関係、照明などを駆使していかに効果的に見せるかなどは、総合芸術としての舞台芸術の演出に近く、しかも、演出者自身は背後に隠れ、舞台装置、照明、音楽などを有機的に結びつけドラマを展開していくことに似ている。演劇において演出が大きな要素であると同じように、展示においても演出が成功を決定する要素である」と述べている。展示の演出には、まず資料（モノ）を十分に研究し深く読み取り、モノの背後に隠されたコトに興味を抱かせるように、脚本（シナリオ）をいかに構成するかが重要である。演出者たる学芸員の学術的な研究の上に独自の考えが入り、演出によって強調することで、観客に与える感銘を高めることが可能になる。このように構成される展示が、芸術的な創造へとつながるのであろう。さまざまな演出技術を駆使して展示演出を行うということは、あくまで手段であってそれそのものが目的ではない。いかに観客を引きつけ、わかりやすく理解させ、知的に情緒的に働きかけ、深い理解に導いてゆくかということが展示の方法論である。

（4）展示室におけるイントロからエンディングまで

展示室の導入部分（イントロ）は、誘引のための工夫が必要である。そのため展示全体を象徴する大型の資料やシンボリックな造型物など迫力ある展示資料、あるいは、小さいけれども暗示的で、深く考えさせ、心を揺さぶり、静かに考えさせる資料などを展示して、これから始まる物語への期待感を盛り上げる印象的な「導入展示」（図4・5）を考えることが大切である。また、テーマからテーマへ移る部分では、意識が切り替わるような展示表現を行って、次への新しい期待が膨らむよう心を引きつける工夫が求められる（図6・7）。

エンディングでは、まとめの場所として展示室全体から伝えたいと思うことを再確認する表現、観覧者自身に考えさせる表現、さらなる発展や未来への期待を表現する展示などで構成して、フィナーレとしてまとめられる（図10）。

このように全体の流れの中に「起承転結」を心がけ、起こり（始まり）での期待感、そしていくつかのテーマを転換してゆき大きな主題（大テーマ）の理解を深め、最後の展示結論へと導いていく展開が図られる。

そのためには、入口から出口まで時間的進行に沿って、目を導いていくと

いったリズムを感じさせるように組み立てる必要がある。均一な間隔で陳べられる単調なものではなく、たとえば、小さいものから大きいものへ徐々に変化させる方法とか、強いものと弱いものとの組み合わせや流れに緩急をつける方法、あるいは色彩や照明の明暗等で印象深く感じさせ見る行為を継続するようにして、最後まで飽きずに引きつける山場をいかにつくり出すかが重要である。つまり、目を導くには平板にせず、山場をつくり、個々のコーナーにおいても小山がつくられ、いくつかの小山がつながり、全体の中に中心となる大きな山場（クライマックス）ができるように一つの流れを構成するということである（図8・9）。

展示資料を観覧者の印象に残すための工夫にはさまざまな表現が行われる。たとえば、暗がりの中から色彩や照明によって浮かび上がらせる方法（図

図4　サイエンス・ノースの展示室導入部分　鉱山坑道。

図5　オーストラリア戦争記念館の展示室導入部分

図6　黎明館の移動部分　漁村の暮らしコーナーへ。

図7　黎明館の移動部分　武家門をくぐり武士の時代へ。

11)、広い空間を確保し、シンボリックに配置して周りから観察させる方法（図12）、群として固まりで見せる強調の方法、見る高さを変化させる方法、さらには床の掘り下げ、天井の吹き抜け等の空間のボリュームを変化させて、心理的作用に働きかける構成などがある。また、視野に入る広さのなかで、美しく見せる日本固有の構成美の作り方としては、日本文化の中に育まれた連句、生け花、茶道の底流を流れる重要な美的精神を表すものとして、「取り合わせ、付け合わせ、あしらい」の面白さを活用する方法もあると倉田公裕氏は述べており、参考にしたい展示手法である。

そのほか、モノの特徴を明らかにするために、他の同類のモノと比較対照させることによって明確化させるという編集の試みが効果を発揮する方法などがある。美的な感動、共感を生み出し観覧者の気持ちを引きつけるためには、さまざまなアイディアが考えられる。

図8　黎明館のサワラ突き模型

図9　黎明館　明治維新への導入部分

図10　兵庫県立考古博物館のエンディング展示

図11　斎宮歴史博物館の展示

図12　黎明館の鍾乳洞模型

（5）面白くない展示の要因

　「楽しい・面白い・興味深い」という評価にはいろいろな見方がある。何が興味深いのか、どこが面白くないのか、見る人によってさまざまな評価が生まれるのは、それぞれの関心、知識、経験が異なるからである。また、個人の志向の基礎部分には、マスコミの宣伝効果によって、物見高い「群集心理」に付和する「流行現象」もあり、そこから見たいという欲望が生まれることもある。ある展覧会には大勢の人が入り、また、内容がいかに優れたものであってもごく一部の人しか入らないものもある。この多くの人たちの意向が「人気」と言われる得体の知れない傾向であるといえよう。

　博物館展示は、テーマのもとにいくつかのストーリーを設け、それらを一巡することで全体像がわかり、見る人の好奇心を刺激し、その知識、経験によって自ら考えるように構成されていなければならない。人びとの期待に応えられたものが、「まあまあの展示」と評価され、それを超えたものが「面白い展示」といわれることになる。必然的な期待に背いたものが、「面白くない展示」であろう。また、優れて著名な資料が出品されていても、物理的（光、空間）条件が悪く見づらく、ただモノが数多く羅列されており、見る流れ（視線計画）

への配慮はなく、加えて難解な専門用語を用いた、しかも舌足らずの解説が付けられているような展示では面白くないのは当然であろう。たとえ無名の資料であっても、優れたシナリオ（筋）で構成、演出し、あるドラマが成立すると、よい展示と成りうる。関連する資料を選抜し、比較、対照させて見せ、展示にリズム、場面展開の変化と抑揚、視線計画や照明効果にも配慮して「語る」展示に工夫がなされるならば、十分に成果が生まれるものである。

　物理的・生理的・心理的側面からチェックポイントを以下に整理する。

  1. 展示内容が難解（専門的すぎる）
  2. 情報量が多すぎる（解説文が長すぎる、資料情報が煩雑）
  3. 展示が単調でリズムがない（抑揚がなく平板で変化に乏しい）
  4. 告示的で教えるという姿勢（語りかけるような雰囲気、物語性に欠けている）
  5. 観覧動線が不明瞭（複雑、狭い、順路不明）
  6. 明視性にかける（見づらい、読みづらい）
  7. 不自然な姿勢で見る（人間工学的条件に対する配慮の不足）
  8. 不適切な展示資料の位置（視線計画の欠如）

　人びとが物事に興味を示す行為について、興味の起こる要素はどのような状況下で生じるかを知ることも大事である。慶応大学名誉教授でマーケティングの神様といわれる村田昭治氏は「全然知らないことは興味がない、逆に全部知っていることにも興味がない。知りすぎたものと、これは理解できない無理だと思うことには好奇心を示さない。人が立ち向かうのは、いつも自分が解決できる課題やテーマである。自分で何とかなりそうだと思うと、それに興味を抱き、そしてやってみようかなという感じを持つ」と講演のなかで述べている。また、倉田公裕氏は「興味という言葉は、英語では Inter-est であり、Inter というのは間ということ。est はあるということで、「間にある」から興味がある」と述べている。人びとが興味を示す心理的な条件についても配慮すべき指摘である。

第2章

博物館における学び

1. 博物館と生涯学習

　博物館は、社会教育機関として生涯学習を推進しており、生涯学習社会の実現のために、個人の自主的・自立的な学びを支援するところに特徴がある。博物館を訪れる来館者はさまざまな年齢、多様な経験を持つ人びとであり、学習者が持っている知識や経験をもとに、展示から受けた情報によって知識が再構成されるところから、同じ展示を見学しても、受け止め方は異なってくる。「学び」とは人びとが新しい意味や価値を見出していく過程で、それは個人の内側に変化が生じることであり、新たな知的連鎖が形成されたことを意味するものである。

　本来教育の成果というものは、3つの面で現れてくるといわれる。1つは知識の習得である。2つ目は、能動的な市民として社会に入っていき、経済活動で成果をあげる能力であり、3つ目は人間としての成長と社会の文化的生活へ参加していく能力であるといわれている。博物館は2つ目と3つ目の能力へ大きく寄与している。これからの時代は、学校とは違った形でミュージアムが支援する可能性に、大きな期待がかけられてくるものと考える。

　大阪商工会議所が創設した「大阪企業家ミュージアム」では、次代を担う人材を育成するために人材開発事業に力を入れている。その重点事業として、小・中学生の出店体験事業「キッズマート」に取り組んでいる。これは小・中学生が、商店街で実際に販売活動を行うもので、店のコンセプト作り、商品の仕入れや値付け、ビラ配りから、終了後の収支計算や利益処分までをすべて自分たちで行うものである。経済産業省の委託事業として実施（平成11年度）された。大阪府・大阪市の両教育委員会と連携して正規の授業として行われた

事業である。この目的は、2〜3か月にわたる一連の出店活動を通じて、チームワークの大切さや、コミュニケーション力、自ら考え行動し、やり抜くことの大切さを学ぶことにある。学校とは違う環境のなかで考え、行動しているうちに、思いもよらない力を発揮している自分に気づくことが多いそうである。学校や学年を超えた博物館という場で、本物に触れ、生み出されたさまざまなモノに作った人の思いや命を感じ、感動の機会を与えることが原点となろう。

　世田谷美術館では、区民を中心とした一般の方を対象に「美術大学」という年間講座を開催している。講義、実技、鑑賞を組み合わせ、さまざまな角度から美術を見つめる総合的な美術の講座である。5月から12月までの約半年間の授業では、専門的な知識や技術を身につけるよりも、本質を見つめ直し、アートをより身近に感じ、楽しみ、そして自分自身の眼でアートを発見し捉えることを大切にしている。世田谷美術館の試みは、人間としての成長と社会の文化的生活へ参加していく能力への支援であろう。博物館の主役がコレクションであり続けることは、間違いないことであると思うが、利用者がそこで、何をどのように体験するか、よい生き方のキャリアアップがどうできるかが、同様に重視されることである。また、生涯学習対応として博物館は、個人が興味・関心に基づいて学習することに重点が置かれる。そして、多様性や長いスパンでの学習支援を行い、学芸員とのコラボレーションによる高度な学習を可能としている。

　東村山ふるさと歴史館は、地域内で出土した遺跡を市民とともに守り、未来につなげる活動を行っている。下宅部（しもやけべ）遺跡は、都営多摩湖町四丁目団地の立て替え工事に伴い発掘された縄文遺跡で、検出された昔の川からは、木製の器や編み物、漆で飾られた弓、シカやイノシシの骨、トチノキ・クルミなど、通常の遺跡では残りにくい有機質の遺物が多く出土したことで知られている。歴史館では、この貴重な財産を未来の子どもたちに残すために要望書を提出し、遺跡の最重要地点約3000 m^2 を埋没保存し、2004年（平成16）5月に「成長する遺跡広場」として誕生させた。「しもやけべ遺跡はっけんのもりを育てる会」を市民とともに立ち上げ、ワークショップ形式で知恵を出し合い遺跡広場を育てようというものである。担当の学芸員は、地域博物館の使命を模索するなかで、この活動を推進することによって市民の自主的・自立的

な学びが生まれ、市民一人ひとりがいかにいい生き方ができるかを支援し、論点の整理をするファシリテーター役が、学芸員の新しい役割の一つではないかと述べている。

> **コラム 1　北九州市立文学館**
>
> 　北九州市立文学館は、文芸活動の場として 2006 年（平成 18）11 月 1 日に開館した。文学館の 1 階には固定的な展示スペースを設けず、館の多彩な活動に合わせて使用できるフレキシブルな空間が構成され、企画展示室、資料検索コーナー、自分史ギャラリーなどの他、市民が活動する場が用意されている。2 階常設展示の「北九州ギャラリー」では、明治以降における北九州の文芸のあゆみと、北九州にゆかりのある文学者を紹介している。また、中央を中心とした文学史ではなく、地方には著名作家ではなくとも地方の文学史があるとして、北九州の文学史を体系づけた意味は大きい。このような活動は地方が自分たちの文化を誇りに思う手がかりになっていくだろう。
>
> 　導入展示では 22 名の文学者の顔写真と自筆原稿や色紙が出迎えてくれる。各地の文学館の展示は一度設置してしまうと更新できないものが多い。北九州市立文学館は更新性のある常設展示を目指し、「文箱（ふばこ）」と名付けたパッケージ型の展示ケースが設けられ、これを展示替えして運用することで、数多くの文学者を紹介できる工夫がなされている。
>
> 　同館の特色は、現在の文芸活動の拠点施設としての機能を充実させ、文学に関連した多彩なイベントや、市民の文芸サークルへの支援を行っていることである。また、生涯学習活動の支援として北九州市が毎年開催している「自分史」制作事業をサポートしている。北九州市が主催する「自分史文学賞」は、賞金と共に単行本として出版してくれるという魅力に、毎年数百編の応募があるという。自分史は男性の応募が多いようで、会社を退職してコミュニティにシフトしていく転換にもなるようだ。人は歳を重ねるにつれて、生活の中に「目的」「本質的な満足」「超越」といった、それまでキャリアを築き、家族を養うあわただしさのなか

図 13　北九州市立文学館の展示　自分史文学の世界。

でなおざりにしがちだった特質を重視するようになるという。

　また、成熟した社会においては、多くの人がもっと自由に自己と人生の意義を追求するようになるといわれる。そんなとき、自分のことを語る物語も、自分たちに語りかける物語も含め、人生の断片をつなぎ合わせることで周りに対して、そして、おそらくは後世の自分自身に伝えるために物語を編み、自分が誰で、どのような存在であるか、を伝えることを欲するのであろう。人にはさまざまなドラマがあり、人生を言葉や文字で紡いだものが自分史文学であるとして北九州市立文学館では支援に力を入れる。このような活動から多くの人の共感や感動を生み、さらなる創造へ導いてくれるのだろう。地域文化を創造する「活動する文学館」としての取り組みが期待される（図13）。

2. 博物館と学校

　学校における文字と言葉による教育は、知識の体系があり、教える者から教わる者（学習者）へと効率よく知識伝達を図り、理解させ、学ばせるカリキュラムの編成がなされる。

　博物館は、実物を示し観察や体験を通じて、実感することで理解を得るものであり、両者の利点を相互に活用して、より深い理解に導くことが実現できるものと考えられる。欧米では博物館の学芸員と学校の教師が連携・協同して、博物館のモノを観察するための教育プログラム開発や博物館利用の方法を検討し実現している。

　子ども達の知的好奇心を正しく充足させるには、加工された情報ではなく「なま」のデータにあたり、ホンモノから伝わる"何か"を自分で引き出すことにある。実物は最高の教室であり、体験・体感はかけがえのない教師である、という考え方の原点に立ち返るならば、どう学ぶかの姿勢が自ずと生まれてくるものであろう。また、学校では総合的に自分たちが暮らす地域について学ぶ機会はなく、地域を学ぶ唯一の場である博物館は、子ども達の地域への誇りやアイデンティティを育て、人づくりの面からも大きな貢献を果たす力になるものと思われる。

　欧米では1960年代の後半頃から、学校によるミュージアムの教育利用を促

進させるため、学校教師向けに多くのプログラム開発がなされている。日本では、博物館と学校との結びつきがきわめて希薄であったことに対して、1989年の小・中学校学習指導要領の改定に伴い、学校教育と博物館教育とが初めて明確に結びつきが認められたこともあり、積極的に博物館の利用の促進を図る必要が生まれた。そして、1990年6月に出された文部省の社会教育審議会の報告書では、博物館と学校教育との関係の緊密化の視点で「子供の時から学習活動の中に博物館の利用が位置づけられ、生涯にわたって楽しい学習の場として博物館に親しむ素地を培っておくことが大切である。そのためには、今後、学校側においても博物館と連携し、学校教育のなかで博物館を利用する機会を増やし、見学や体験学習等を通して、学習指導の効果を高めるとともに、博物館についての十分な理解を深めるよう努めることが重要である」と述べられ大きく前進した。しかし、博物館の利用はそれまで、社会科見学の一環として、郊外学習などの時に利用するぐらいで、欧米と違い小さい時から身近に親しむ機会が少なく、博物館を上手に利用するノウハウが培われていなかった。そのようななかで、国立科学博物館が1992年7月にオープンさせたティーチャーズセンターの活動は意義深いものである。

　学校の先生が博物館の利用方法を理解し、活用の方法を学び、それを児童・生徒にわかりやすく、しかも楽しく伝えるならば、博物館好きの子どもが増えるのは間違いないであろう。ティーチャーズセンターは大きく研修室と実習室に分かれている。研修室においては、博物館の利用方法の相談や博物館を使った教育方法の研修や研究への助言活動などを行い、実習室では教師が学校の理科授業で活用できるように、植物や海藻などの押し葉のラミネートづくりや小哺乳動物の剥製標本の製作・小化石のレプリカづくりの実習指導などが行われた。従来、学校の教師が博物館を訪れても、相談することや研修できる場がなかった。博物館にこのような機能をもつ部屋が用意されることによって、博物館の教育活動の情報や教材として利用できる資料情報を入手でき、しかも学校から博物館への要望などの情報交換を行うことにより、博物館と学校の実態に即した協同活動が可能となる。子ども達が生涯にわたって博物館を利用する素地を養う意味においても大きな成果が生まれるものであろう。

　大学との関わり方としては、大学の専門性を活かして博物館との「共同研

究」を行う活動が行われている。たとえば、苫小牧駒澤大学と白老町のアイヌ民族博物館は、学術・文化事業交流の協定を交わし、研究・教育機関の大学と社会教育・文化施設の博物館が連携を行っている。「資料調査・整理」の活動としては、北海道立近代美術館が北海道教育大学と北海道美術のアーカイブづくりに取り組むほか、学生が美術展に参画する交流も進められた。また、武蔵野美術大学は、学芸員不在の函館市戸井郷土館（2004年12月函館市に合併）において、500点の資料を調査して展示内容を一新している。国立博物館が独立行政法人となり、ほかの研究機関との共同研究が奨励されることになって始まったのが、奈良国立博物館と帝塚山大学との連携である。帝塚山大学には考古学研究所があり、設備も整っているため、中宮寺など斑鳩町の古代寺院の出土遺物を対象に共同研究が行われている。鹿児島純心女子大学と薩摩川内市は、芥川龍之介や志賀直哉らの直筆原稿を収蔵する川内まごころ文学館の資料をもとに、大正・昭和期の文学の総合的研究を行っている。

　学生が博物館で社会教育活動を行うことで単位を認定する大学も増えてきた。茨城大学教育学部では2001年から茨城県近代美術館と連携した科目（2単位）をスタートさせ、美術館が夏に開催する「子どものためのワークショップ」に学生が指導スタッフとして参加し、レポートをまとめて評価を得る。また、埼玉県立近代美術館は、観覧者から寄せられる鑑賞授業への要望を受けて埼玉大学に連携を働きかけ、大学側は新科目「ミュージアム・コラボレーション」をつくり、教育学部の学生を対象に実践的指導を身につけられる効果と、社会教育的な視点を持つ教員養成ができる点に期待して始まったものである。ここでも小中学生向けの講座「土曜アートの森」にスタッフとして参加することで年間2単位が取得できる。大学院との連携では、兵庫県立大学大学院環境人間学研究科が兵庫県立の「人と自然の博物館」および「コウノトリの郷公園」での実践的な活動と修士論文をリンクさせている。

3. 子どもと博物館

（1）子どもが楽しめる美術館

　子どもたちに美術作品を見る楽しさを知ってもらおうと、クイズ形式の作品

解説（ワーク・シートやセルフガイドと呼ばれる）や、実際に作品を作ってみるワークショップなどを企画する美術館が多くなった。ワーク・シートやワークショップは、欧米の美術館では珍しくないが、日本では1970年代後半の北海道立近代美術館などの取り組みが最初と言われ、1980年代に宮城県美術館、世田谷美術館、目黒区美術館等が積極的に実践を始めたが、全国的になってきたのは1990年代になってからである。事例を見ると熊本県立美術館は「土曜こども美術館」（月1回）というワークショップを開き、また、「夏休みこども美術館」は学芸員が小学校で作品解説や創作を指導する「出張授業」に取り組んだ。

滋賀県立近代美術館は夏休みに向けて、展覧会「冒険美術Ⅲ」を開催し、広い間口から子どもの興味を引きつけたいとの狙いから、展覧会のテーマは「水」や「森」「大地」などという身近なテーマを選んで行った。

姫路市立美術館は、シリーズとして、「美術探偵団Ⅱ」という親子で楽しめるワーク・シートを用意し、会場を回り設問に答えるうちに、表現技法など美術鑑賞の基礎知識が身に付く仕組みになっている。京都国立近代美術館は、夏休みの約1か月の期間、中学生向けにワークショップを開き、展覧会の企画・立案を行った。この展覧会の題材は館蔵の写真作品1500点がベースで、学芸員や美術家が指導するが、企画・立案はあくまで中学生の自主性を尊重。美術を一つの道具とし、自ら考えて実現していくトレーニングになればいいとの目的である。8月末には、展示会場の設営から作品の展示作業を行い、展示に至るまでのプロセスを一通り経験させ、美術館などの文化施設の社会的役割を理解してもらう狙いもある。

このような動きの背景としては、各地に美術館が誕生して、地域に根を下ろすための活動に目が向いてきたこと、不況下で派手な企画展が減り、常設展示をどう見せるかを考える必要が出てきたことなどがあげられる。従来、美術は神聖で高尚なイメージがつきまとい、美術館も日常からかけ離れた場所と見られがちで、美術鑑賞が生活の一部となるような努力が足りなかった。ワーク・シートやワークショップは知識の押しつけとか、教育的過ぎるという見方もなくはない。しかし、子どもを含め一般の人が作品と接するきっかけをつくらないことには、何の成果も生まれないのも確かだろう。子ども自身が体を動かし

て創作活動に参加することによって、自分の内に潜む感性を発見していくための「手助け」といえよう。自分の感性を凝縮させる体験など、今日の学校や家庭教育では容易に望めない貴重な時間である。文化の厚みはこうして育てられるのではなかろうか。

（2）子どもが親しむ博物館事業

　ミュージアムパーク茨城県自然博物館では、自然に興味をもつ中・高校生を募集し、博物館スタッフを体験するジュニアスタッフ（ジュニア学芸員）養成が行われた。博物館を訪れる子ども達やお年寄りにわかりやすく伝えることを目標に掲げて、「教える楽しさ」「伝える喜び」を実感してもらう企画である。同じように神戸市立博物館においても学芸員の仕事を体験してもらうため、ジュニア特別展「復元、縄文土器」を行った。遺跡の現地調査から縄文土器の製作、そしてパネル原稿を作成し展示作業までを行う展覧会を開催しており、生涯にわたって博物館に親しむ利用者を育てるプログラムとなろう。

　また、出前授業などの「アウトリーチ」（館外活動）として、茨城県近代美術館では「ハローミュージアム」と称してハイビジョン機材を車に搭載して県内各地の学校を巡回する活動を1997年よりスタートしている。大学病院からも要請があり、長期入院児に美術鑑賞を提供する試みも行っており、教材の貸し出しキットの好事例も散見されるようになった。茨城県天心記念五浦美術館が企画制作した「日本画トランク」は、日本画鑑賞の授業や各種講座で使用することを目的に開発された教材である。日本の伝統的民家模型を用いて屏風や掛軸がどのように和室に飾られていたかを知る「家屋トランク」、掛軸の巻き方や掛け方などを実際に体験できる「掛軸トランク」、横山大観などの複製掛軸を鑑賞する「複製掛軸トランク」、「鳥獣戯画」の原寸大の複製画を鑑賞する「絵巻物トランク」、さらに、岩絵具や筆などの画材を知る「画材トランク」、日本画制作の過程を理解する「制作過程トランク」の計6台が用意され、各トランクには、扱い方を示すマニュアルと子ども向けのビデオが入っている。子どもたちが普段なじみの薄い日本画に親しみ、興味や関心を抱くことを意識して開発された同館独自の教材である。

　旭川市博物館では、縄文時代の衣服、実際に出土した黒曜石のナイフ、複製

品の土器、火起こしの道具など30点を、強化プラスチック製の縄文土器型容器に収めた「縄文体験キット」を開発している。他にも、特殊学校での利用を考え、声当てボックスや匂いボックス等の視覚障害者対応キットを開発した茨城県自然博物館など、博物館オリジナルの教材開発は各地で活発に行われるようになった。このように、さまざまな館種の博物館がそれぞれの独自な教材開発の実践を重ねている。

一方、学校外で学習する体験によって単位を与える試みも行われている。埼玉県教育委員会は「21世紀いきいきハイスクール推進計画」において、学校外学習の単位認定を行っている。博物館や美術館、公民館、大学の公開講座などで学んだ時間やボランティア活動をした時間が35時間を超えれば、高校が1単位として認める制度であるが、参加は大学の夏期公開講座に偏り、博物館への参加にはつながらなかった。しかし、今後大いに期待される活動である。

コラム2　浦安市郷土博物館

　浦安市郷土博物館の展示は、屋外展示場の「浦安のまち」「テーマ展示室」「船の展示室」の3つから構成されている。屋外展示場では、1952年（昭和27）頃の活気にあふれていた懐かしい浦安が再現されている。移築された歴史的建造物である市有形文化財の「漁師の家」「たばこ屋」「魚屋」「三軒長屋」のほか、新たに再現された船宿や山本周五郎の小説『青べか物語』に登場する「天ぷら屋」など10棟が建ち並び、観覧者はそれらの建物のなかで昔の暮らしを体験することができる。そして、当時のメインの通りだった一番通り、路地裏、貝殻のまかれた道の復元もなされている。船宿に面する境川を模した掘り割りでは、ベカ船と大きな帆を張った打瀬船が浮かび、来館者はボランティアの誘導により乗船体験もできる（図14）。

　同館のボランティアは「もやいの会」という名称のもとに、250名の市民が参加している。「もやい」とは舟を岸につなぐ縄のことで、岸と舟を結ぶことから、人と人、市民と博物館を強く結びたいという願いを込めて名付けられたという。実体験をもとに、ベカ舟乗船体験、昔の生活体験、海苔すき、貝むきなど学校で行われていた体験学習事業に参加していた人びとが中心になって指導・助言しており、浦安弁で語りかける会話が、子ども達にすんなり受け入れられているようだ。

　館内のテーマ展示室は「魚介類の宝庫・浦安」「オカのくらし」「変わり行く浦安」

の3つで構成されている。導入部には、浦安の海を象徴する干潟のジオラマが紹介され、魚介類の宝庫であった様子がうかがえる。大型水槽では、浦安の海に生きていた、今や絶滅危惧種に指定され「幻の魚」といわれるアオギスも、その美しい姿を見せてくれる。

図14　浦安市郷土博物館の屋外展示

　　　　　　　　　　　　　　展示に関してより詳しい解説を求めたい場合は、音声ガイドの携帯電話が無料で貸し出され、番号を入力すると英語と日本語、浦安弁で説明が受けられる。

　船の展示室は、さまざまな漁法に使われた船の展示と「仮屋」と呼ばれる船の製造場が再現され、船大工によるベカ舟製造における本物の技術を見ることができる。

　同館の基本コンセプトは、市民が主体の博物館をベースに、事業への参加や共同研究、ボランティア育成に力を入れ、体験を重視した生きている博物館を目指している。特に学校教育における活用のために3か年の検討会を重ね、開館と同時に「活用の手引き書」も作成された。

4. 博物館と創造力

　博物館は、豊かな未来を築くための創造力を刺激する多くのヒントを有し、それらをどのように活かすか、ソフト化社会においては多くの可能性を秘めた機関であるといえる。欧米では、子どもの創造力を広げる役割、コミュニティの再生に寄与する役割、クリエィティブ産業を育てる役割など、従前から博物館を戦略的に位置づける活動がなされている。

　近年、日本においては、兵庫県立人と自然の博物館が、研究員のもつ専門性を生かし、行政や民間企業から調査研究の依頼を受けるシンクタンク事業を展開している。また、高知県立牧野植物園では、「産業資源」となる「資源植物」に重点を置いて、調査、研究を進め、「資源植物研究センター」を2003年に設けた。これは日本で初めて大学院課程の一部を牧野植物園で行う教育プログラ

ムを、高知大学と共同して人材の養成を行うものである。1997年春に開設された神戸ファッション美術館は、ファッション産業・文化の振興と人材育成を支援する美術館である。服飾講座では、美術館の資料をもとに、ファッション産業に従事している人や、それを目指している学生の他、服飾以外のデザインやアートに携わる人も対象としたプログラムが用意されている。博物館が持つ産業的・文化的資産を活かして創造力の源泉として位置づけ、ビジネスにとっても新しい発想やアイディアの宝庫として利用される可能性は大きい。

2000年5月大阪国際会議場において「関西ミュージアム・メッセ2000」が開かれた。そのなかで国際シンポジウム「新・ミュージアムの時代」が開催された。記念講演は多摩大学学長グレゴリー・クラーク氏によって「地域から発信するミュージアム文化と日本の国際戦略」というタイトルでなされ、そのなかで「日本は今日まで製造業中心社会が長年続き、欧米の先進国で拡大しているサービス産業が遅れている」という話があった。製造業を中心とする社会は高度成長時代までは貢献したが、現在の社会にはそぐわなくなり、むしろ経済の足かせとなっていると指摘された。一方、生産性が直接見えないミュージアムなどのサービス産業は軽視されてきたが、21世紀の社会は欧米のように「もの」ではなく「サービス」を重視したライフスタイルに変わらなければ、経済再生は難しいのではないかと疑問を投げかけた。そして、豊かな未来を築くためのソフト化社会においてミュージアムの役割は、子どもの創造力を広げるため、コミュニティの再生のためにも重要だと主張された。

海外からは英国のヴィクトリア＆アルバート美術館の教育部長であるデヴィッド・アンダーソン氏が招かれ「英国の挑戦：ミュージアムがつくる知の成長社会」というミュージアムの役割が発表された。「イギリスのミュージアムは、研究・保存・展示という伝統的枠組みのなかで、この100年間は暗黒の時代であり、社会に対して影響力がなかった。我々は今、文化的革命の時代にある」と刺激的な話題が提供され、ミュージアムは「生活の質」「文化」「クリエイティビティ」を高める重要な役割を果たす転換期にあると述べた。

アンダーソン氏は、ミュージアムが持っている知的財産や芸術的ブランドを活かし、それらを学習する多くのプログラムを示し、クリエイティブ産業を育てるミュージアムとして、個人や企業にその価値を提供することを「学習経

済」と呼び、戦略的キーワードをうかがわせる言葉を提示した。「ミュージアムはケーキの上のサクランボではなく、本体を作るイースト酵母に相当するものである」と例え、ミュージアムは飾り物ではなく、現実の生活に役立つものにすべきだと表現している。筆者には、21世紀のイギリスのミュージアムは、過去の「もの」を管理する施設であったミュージアムを、将来に向けての羅針盤に変貌させようとしているかに思える。ミュージアムは企業や個人に提供するプログラムを準備し、未来社会のビジョンを描くために資源をどのように活用すれば良いか、そのためにどう変わるべきかを問い質している。

　また、2002年1月、大阪の国立民族学博物館において、博物館教育国際シンポジウム「自由な学びを支援するには～英米の博物館事例に探る～」が開かれた。講演は、米国からリン・D・ディアーキング氏、英国からデヴィッド・アンダーソン氏がゲストスピーカーとして招かれ、博物館での自由な学びの理念や可能性について発表した。リン・D・ディアーキング氏（ラーニング・イノベーション協会）からは、世界のさまざまな社会は、産業に基づく経済から、情報・知識に基づいた社会への変革の渦中にあり、学校外での学びの機会がますます多様化しており、生涯を通じて学び続けることが必要不可欠になってきたと問題提起がなされた。しかし、最も重要なのは、自発的な意志に基づく「自由な学び」であり、ミュージアムは「学ぶこと」と「楽しむこと」をセットで提供することで、人びとが「自由な学び」を自然に身につけられる場所である。これからのミュージアムは、教育機関や研究機関、マスメディアやコミュニティなどとの接点を豊富に有している利点を活かし、新しい流れをリードできる立場にある。今日の多くの人びとは、自分の生活の意味を探しており、どのような方法で来館者の生活に意味や豊かさを提供できるかを考えることが重要である。これらの要望に応えることによって、ミュージアムは社会的変化の主体となり必要不可欠なものになるだろうと発表した。

　デヴィッド・アンダーソン氏は、長い間イギリスのミュージアムは、2つの競合する考えによって活動が定義されてきており、一つは「展示物中心」の考え方で、資料自体の定まった価値をもとに来館者を教育すればよいというもの、もう一つは「社会中心」の考え方で、「受け手」が得た知識や体験の中にこそ価値があるというもので、これらが共有化されることで文化が形づくられ

てゆくという考えを示した。イギリス政府は、後者への考えへの転換を図り、競争力ある21世紀の経済を構築するための最良の手段は多くの市民の創造力を育てることであると考えており、そのため21世紀は「個人の学習の世紀」になるとして、ミュージアムは間違いなく個々人の生涯学習の拠点として重要な位置づけがなされつつあるとしている。シンポジウムでは、ミュージアムの資料をベースに創造力を刺激するプログラムが発表され、クリエイティブな能力を発揮させる力が示されたさまざまな事例の紹介があった。

日本も博物館の大きな転換期のなかで、創造力の宝庫としての存在意義について、戦略的な位置づけを再認識すべきであろう。

コラム3　箱根ラリック美術館

ルネ・ラリックの作品を展示する「箱根ラリック美術館」が2005年（平成17）3月箱根・仙石原に開館した。ラリックは絵画、彫刻など「大芸術」に対して「応用美術」と揶揄された宝飾細工やガラス工芸、室内装飾などの装飾美術の評価を高め、偉大な芸術家に並ぶ名声を得たフランスを代表する装飾美術工芸家である。アール・ヌーヴォーからアール・デコと呼ばれる美術様式の両時代に活躍したラリックの約1500点の収蔵作品の中から、約230点を展示替えしながら常時公開する世界有数のラリックコレクションを誇る美術館である。

ラリックは緑豊かなシャンパーニュ地方に生まれ、工芸家としての最大のバックボーンは自然であったとされる。当時、ヨーロッパに日本の美術・工芸が影響を与えたジャポニズムブームは、ラリックの自然に対する見方をさらに豊かに開花させたという。ベッドサイドランプとして創られた「日本の林檎の木」と題された展示作品は、日本刀の鍔に施されているデザインを想起させるもので、点灯時、陰刻のエッジに光が反射し、モチーフが浮かび上がる光の演出はドラマチックな感動を与えてくれる。日本的センスを取り入れた多くの展示作品群は、花鳥風月の移ろい、自然を愛でる繊細な心、自然の生命の神秘さなどが表現され、ラリックの作品を通じて日本独自の美意識を改めて発見させてくれる場にもなっている。

ラリックの創作は図鑑のカラー図版を参考にすることは決してなく、常に実際の花や植物、昆虫など本物に触れることが出発点になっていて、パリ植物園とそれに隣接する自然史博物館に足繁く通ったといわれる。蝶と女性が一体となったデザインで構成される、パリ万国博覧会の時に作成されたブロンズ製のオブジェやブローチ「シルフィード（風の精）」は、優雅で装飾的な美しさに昇華されて見る者の足

を長く留める。

　今も昔も博物館は新しい創造の種を内包する機関としての役割と生活の潤いや人びとに新たな生活スタイルを生み出す装置といった二つの重要な機能を持つものである。ラリックの「芸術家が美しいものを見つけたら、それをできるだけ大勢の人びとに楽しんでもらうことを追求しなければならない」という言葉は、現在、問われている「今日に生きる人びとに役立つ美術館のあり方」に通じる思いが重なって興味深い。

5. 博物館と地域づくり

　博物館は、地域の中の自然や歴史、文化や伝統などの基本資源を持っており、人びとがその資源を理解し、活用することによって地域への愛着や誇りを取り戻し、コミュニティとのつながりを意識するようになるという貢献を果たす。博物館はそれらの地域資源に学術的意義を付与し、公開することで地域に貢献し、さらに後世に引き継いでゆく活動の中から、子ども達の未来や地域の未来への自信と希望を人びとにつないでゆくものである。

　地域と博物館を強く結ぶ新しいかたちにエコミュージアムがある。エコミュージアムは、エコロジーとミュージアムの造語で、20世紀後半フランスで生まれたニューミュージアムである。理念は「ある一定の地域の人びとが、自らの地域社会を探究し、未来を創造していくための総合的な博物館」と定義されている。従来のミュージアムが一つの建物であるのに対し、ある一定の広がりをもつ範囲（エリア）をミュージアムとして捉える考えであり、主役は地域住民で自立的に企画や運営に参加する活動を通して、地域の中のネットワークを図り、地域を振興・発展させ、コミュニティを築き上げるミュージアムである。

　地域に残るさまざまな遺産（自然・歴史・文化・産業）を時間軸と空間軸の中から編集し、地域のアイデンティティを自覚することにより住民が共通の誇りを持ち、新たな地域社会の創造といった地域振興を大きな目的とする。また、外に向かって誇れる地域の創造とその展示は、訪れる来訪者に対して「地域の光」を示すこと（観光）になり、展示による来訪者との交流がさらに地域

振興を高みに押し上げる発展のきっかけを提供することになる。

　エコミュージアムとして26年にわたり活動を続けてきたフルミ・トレロン・エコミュゼは、現在、地域を拡大してアヴェノワ・エコミュゼ（Écomusée de l'Avesnois）として新しい展開を図っている。フルミ・トレロン地域は、羊毛織物、ガラス産業を中心に19世紀に大きく栄えた歴史を持っている。特にフルミ地区は世界でも有数の毛織物工業地帯であった。だが、2度の世界大戦、大恐慌など社会と経済の危機に直面して1970年代には衰退してしまった。こうした地域で、エコミュージアムが設置されることになったのは、工場の解体に端を発し、工場と紡績機械を遺産として保護するために、地域住民を中心にフルミ・トレロン地域エコミュージアム協会が結成されたからであり、1981年フランスで11番目のエコミュージアムとして設立された。

　開館までの活動として注目されるのは、小学校と組んで「フルミ地方の100年の社会経済生活」と名付けて子ども達に祖父や父親がどのような仕事をし、どのような暮らしがなされたかを調べさせ、その過程で資料収集につながった点である。エコミュージアムに集まった資料5万点はすべて市民の寄贈によるという。また、60歳以上の人たちを中心にアソシアシオン（NPOに類似、非営利組織）が結成され、思い出を収集する活動が始まり、子ども達の集めた資料に地域特有の意味づけを行い、遺産に価値を与えていくという作業がなされた意義は、その後のエコミュージアム活動の原点となっている。

　コアの施設は、1874年に建てられた紡績工場を「織物と社会生活の博物館」というコンセプトを持つ博物館に活用している。ここは毛糸から織物になるまでを当時の機械が動き実演して見せる毛織物博物館と、19世紀末から近年までの100年間の庶民生活を展示する社会生活博物館で構成され、アヴェノワ・エコミュゼの本部になっている。展示内容、展示デザインともにきわめて優れており、ヨーロッパミュージアム大賞に輝いているのもうなずける施設である。この他、アヴェノワ・エコミュゼ内には、5つのサテライトミュージアムが点在し、コア施設とのさまざまなネットワークを図り運営されている。また、地域を理解するための遊歩道として、建築物を見るコースや、自然の中を見て回り季節のリズムを知るコースなど5つの小径を設け、サインや解説板が整備され、地域をより深く理解するディスカバリートレイルとして機能してい

る。

　エコミュージアムの意義について、初代館長のM. グジャル氏は「産業時代の100年間を跡づけ、住民がこの地域をつくりあげたことに誇りをもち、未来をつくりだすということである」と述べ、ミュージアムとの違いについて、「エコミュージアムはコレクション自体に価値があるものではない。人間の営みを見せるところであり、時代と共に進化するミュージアムであり、今も動いて現代の問題に取り組むミュージアムである」と答えている。

コラム4　野田市郷土博物館
　醤油のまちとして有名な野田市は、近年、伝統ある町のアイデンティティを探り、新興住宅地住民との新しいコミュニティのあり方を目指したまちづくりが模索されている。そのようななかで、博物館がまちづくり企画の中心的な役割を果たす、注目される活動が見られる。
　野田市郷土博物館は、1959年に他の自治体に先駆けて設立された登録博物館である。初期にできた博物館なので規模的には手狭であるが、まちづくりにつながるユニークな特別展が次々と企画され、好評を得るとともに住民の意識をリードしている。
　1998年度は「生誕90年／よみがえる山中直治童謡の世界—昭和初期に活躍した郷土の作曲家—」という特別展が開かれた。直治は野田尋常高等小学校の教員として教育活動のかたわら童謡の作曲活動を活発に行い、30曲以上の作品がレコード化されるなど、我が国の童謡音楽会の一翼を担っていたが、惜しくも31歳の若さでこの世を去り、時代の推移とともに忘れ去られていた。博物館では、遺族からの資料の寄贈をうけて調査研究を行い、新たに220曲以上の童謡を作曲していたことが明らかになるとともに、直治に関するさまざまな新事実が明らかになった。
　博物館は特別展の企画にあたり、「博物館の特別展が情報を提供したり、認識を高めるだけの目的から、市民が保持してきた考えや行動を変える、市民に何らかの行動を起こすことを促す特別展を考えた」という。つまり、山中直治とその作品を通じて地域に対する誇りや愛着の生成につなげ、また、童謡の普及が市民参加によって自主的な活動として合唱、演奏などの形をとり市民生活に習慣として定着していく、あるいは学校教育の場においても教材としての活用により、児童生徒に普及することを目的にして開催されたのである。
　結果的には、山中直治の教え子をはじめとする高齢者たちは、当時を回想するこ

とで心の安らぎを得たようであり、山中直治の存在を通じて郷土に愛着や誇りをもつ市民が増え、また、児童の情操教育に役立つとの判断から、教育委員会はその童謡を市内小中学校の音楽の教材に活用することにもなった。また、「山中直治童謡研究会」の発足、教え子の人びとによる「山中直治の歌碑を建てる会」の発足と募金活動、市民合唱クラブによる普及や、「山中直治児童合唱団」の発足などが検討・実施される市民運動にも発展している。

同館の活動にみられるように、これからの博物館の教育普及活動は、学校教育の補完的教育をしたり、一般常識を高める情報提供、知的好奇心の刺激などに留まらず、もっと幅広く、「まちづくり」といった社会的分野にも積極的に関わる視点が求められる。

コラム5　御食国若狭おばま食文化館

小浜市は若狭湾に面し、リアス式海岸やブナ林といった自然環境に恵まれた田園観光都市である。この地に食のミュージアム「御食国若狭おばま食文化館」が2003年9月に開館した。小浜市は、古来、鯖や若狭カレイ、甘鯛（ぐじ）といった豊富な海産物にも恵まれ、朝廷にご食料である御食（みけ）を献上していたことから、「御食国（みけつくに）」と呼ばれている。このような地理的・歴史的な背景をもとに、豊かな食や食材に着目して「食」をまちづくりの中心に据えた「食のまちづくり」を推進している。

市ではその理念をより市民にわかりやすい形で具現化するために、ミュージアムと観光会館をミックスした施設を誕生させた。展示室では朝廷に自然の恵みを納めてきた御食国の歴史を物語る「浜の賑わい」の再現のほか、料理レプリカや鯖料理のメニューなどを紹介している。

展示室の一角に設けられた「キッチンスタジオ」では、さまざまな食育事業が実施されている。たとえば感受性が強く、味覚が形成される時期でもある幼稚園児・保育園児に対する取り組みを重視し、幼児の料理教室「キッズキッチン」を実施している（図15）。この取り組みは、農山漁村文化協会等主催の「地域に根ざした食育コンクール」で全国表彰さ

図15　御食国若狭おばま食文化館のキッズキッチン（写真　同館提供）

れ、全国から視察が訪れているという。

　小浜市は、全国に先駆けて「食のまちづくり条例」（2001年9月）を制定、「食のまちづくり課」を設けた。全8章33条からなるこの条例では、農林水産業の振興、環境保全、健康の増進といった基本施策を中心に据え、多くの市民や事業者も主体的に参加している。食のまちづくり課には、幼児からお年寄りの方まで、生涯にわたって食の大切さを学べるよう、全国で初めての「食育職」という専門職員を配置して、学校給食での地場産農作物の利用、成人向け各種料理教室、一人暮らしのお年寄りのための料理講習会など各ステージにあわせた食育事業などの活動を展開している。「食」を大切にすることは、幅広い分野につながることであり、豊かな食材を支える農林水産業の振興や「食」を育む自然環境の保全や森林づくり海くりにつながるものである。観光・健康・環境の3つのKをリンクした座標軸を置く小浜市の試みは、21世紀型まちづくりのモデルの一つであろう。

6. 展示の社会性

　博物館が少ない時代では、博物館は学術や芸術の拠点となり、一般社会から遊離していた。しかし、今日のように多くの博物館がつくられ、人びとにとって身近な存在になってくると、人びとの日常性との関わりが深くなり、展示は観客に対して社会的メッセージを積極的に発信するようになってくる。現代の博物館には社会からのさまざまな要請をうけながら成長していく姿が求められており、博物館が社会に根ざし、社会に貢献するために人びとの智恵や経験を包括し、新たな智恵を生み出し、共有していく活動が求められている。

　社会が直面しているいろいろな課題や社会の変化の動向、あるいは大きな出来事など、博物館の展示は利用者の意識に訴える情報を内在することが求められる。

　展示活動においても積極的に社会に向けてアピールしていくことが大事であろう。たとえば、環境問題、自然保護や文化財保護は身近なテーマである。

　「成長の限界」という人類の危機をレポートした報告書が、ローマクラブによって発表されたのは、いまから40数年前のことである。このレポートは、経済がこのまま成長を続けることに対して、天然資源の枯渇化や公害による環境汚染の進行、発展途上国の爆発的な人口増加や軍事技術の進歩による大規模

破壊力の脅威など、人類の危機に対応する可能な回避策を、探求するために、世界的な討論の場を通じ、政策担当者の考慮を促したものであった。同じ頃、人類は宇宙船地球号の乗組員という概念から「宇宙船地球号」という言葉が社会のなかで広まった。この言葉はアメリカの建築家バックミンスター・フラーが提唱したもので、人間は地球の埋蔵資源や自然の持つエコロジー的な浄化能力などにおいて有限性があると同時に、永遠に再生し続ける地球自身の再循環システムである無限性を正しく理解することが重要であると説いた。しかし、現実はさまざまな問題を先送りにして、今なお危機的な文明を続けている。新興国の成長にともないCO_2は増加し、オゾン層の破壊は進み、生物の絶滅種は依然として増え続けている状況のなかで、世界は環境問題の解決に向けて待ったなしの状況にある。このような背景において、博物館の社会教育機関として啓蒙普及活動の役割は大きい。

　アメリカの博物館は、野生動物保護の観点からユニークな展示が多い。絶滅に瀕している絶滅危惧種にあげられている動物の毛皮製品やバッグに赤いラベルを貼り、それらの商品を檻の中に展示して警告する展示のアイディアなど記憶に深く残っている。博物館の展示は確固としたポリシー（方針）に基づいて実施されなければならないと感じさせるもので、博物館の良心と社会的役割という考え方に支えられた展示である。これまで述べてきたように、活動の成果が社会で実際に役立つ、社会に対して活動の成果をフィードバックできる社会性を持った博物館の役割が求められている。また、近年では、展示のメッセージ性を活かし、博物館側の一方的なメッセージではなく、利用者のもつメッセージと交流する双方向性の展示のあり方が模索されている。

コラム6　ビオスフェール（生命体の球）

　モントリオール郊外セントエレーヌ島は、1967年モントリオール万国博覧会の時にセントローレンス川の中洲につくられた人工島である。この地にカナダ環境局とモントリオール市の共同プロジェクトとして環境博物館「ビオスフェール（生命体の球）」が誕生している。セントローレンス川は、五大湖の東端オンタリオ湖から大西洋へと流れ出る北大西洋岸最大の河川である。この立地からビオスフェールはそのテーマを「水とエコシステム」として、人間の日常生活や未来の世代にとっ

て欠かせない「水を取りまく問題」を扱っている。さまざまな生態系が見られる五大湖からセントローレンス川の河口に至る地域は、工業地帯とも重なっており環境汚染の問題が深刻となっている地域でもあった。

図16 ビオスフェール外観

　このようななかで、ビオスフェールは、設立当初から「エコウオッチ・ネットワーク」というプログラムに力を注いでいる。このプログラムは、広大な地域を環境監視網で結び、自治体、学校、NGO、環境団体、水やエコシステムの保護に努める企業などがモニターとして参加・活動するもので、すでに70（約2400人）以上のパートナーを持ち、盲目の淡水魚の比率調査、水質調査、海岸線の復元等の活動を行っている。観察によって集められた情報はインターネットを通じてビオスフェールに送られ、現地での行動を促す資料となるほか、周辺の水環境に関するデータベースも構築されている。そしてネットワークを通じ、科学者と個人、または団体の観察グループの連携も生まれ、ビオスフェールの活動が大学研究室にも深い影響を及ぼしているという。

　ビオスフェールには、4つの展示ホールがある。それぞれのホールは、水の持つ特徴に焦点を合わせた内容となっており、セントローレンス川や五大湖のエコシステムのもつ多様性の発見や水辺に親しむレクリエーション的な活動を通して理解し、行動するきっかけを提供している。展示方法には、楽しみながら学ぶことができるハンズ・オン展示を採り入れて、来館者に水の保護、適切な利用について訴えている。

　「ディスカバリーホール」と呼ばれる展示室では、大きな地球の模型を中心にして、「水の起源」「水の文明」「水の循環」「水の生命体」「水の景観」の展示があり、地球における水の存在の意味がわかりやすく紹介されている。また、「水の喜び（Water Delights Hall）」と名付けられた展示室では、「飲料水」「水の音」「宗教的な水」「楽しみとしての水」の4つのコーナーで展示を構成し、水が生命に不可欠のものであり、かつ喜びの源としての水、また、レクリエーションとして人びとにさまざまな楽しみを与えてくれることを紹介すると共に、その不思議な性質についても理解ができるように展示されている。

コラム7　広島平和記念資料館と大阪国際平和センター

　広島平和記念資料館は1991年に大きな展示改装が行われた。展示手法的には、被爆の実相をより実感してもらうため、映像や音響を多用してビジュアル化を図ったのが特徴である。展示室の導入部では、一瞬にがれきの街となった広島の市街地と火の海を逃げまどう親子の姿が再現され、B29エノラ・ゲイから落とされた原爆の実録が大型映像で映し出される。展示資料は原爆被害の要因別に熱線、爆風、放射線など悲惨なありさまを提示している。全体としては、子どもへの平和学習の場としての視点を重視した展示構成となっている。被爆地広島は核廃絶に向けて国際的モニュメント施設にも位置づけられ、平和への情報発信基地の役割を持っているところから、展示解説は14カ国の説明文が画面に表記される。ある展示には、「滋君の弁当箱」というタイトルのついたアルミ製の弁当箱が展示され、黒く炭のようになった中身が示されていた。その日、8月6日午前8時15分、中学生の滋君は爆心地で被害に遭った。破壊された広島の街で滋君を捜し回ったお母さんは、本川岸でお腹の下に弁当箱を抱えるように死んでいた滋君を発見したという。熱線で真っ黒になった弁当箱は、そこに実在したひとりの少年の命を絶った事実と母親の深い悲しみが伝わり、見る者に原爆の悲惨さを深く刻むように語りかける。

　国立アウシュビッツ＝ビルケナウ博物館長のイエジ・ヴルブレフスキ氏が「ごくあたりまえの文化的人びとが、殺害した人の死体を産業に利用し、犠牲者から刈り取った髪の毛を織物産業へ売ったり、あるいは人灰を人工肥料に使ったりするような、文明世界のあらゆる歴史で比べるものもないような犯罪を起こすように何故なるのか、ということを1つの出口として疑問にすべきである。そのメカニズムを知ったとき、人間の感情や倫理が、どのようにして形作られるかという疑問を持つことになる。人間はその大部分の人が、ある一定の条件下に置かれると、不条理で非倫理的な目的に服従しうる」と述べているように、国際平和を希求するために、そのような状況が起こらないよう戦争体験を繰り返し語り継いでゆくことが重要である。

　ピースおおさか「大阪国際平和センター」は、1991年9月に開館、大阪府と大阪市が共同で建設したものである。戦争と平和の調査研究機関として「平和研究所」を設置し、活動を行っていることが特徴である。ここでは、国連関係の平和問題等々についての調査・研究、さらに国内外の平和博物館とのネットワークを進め、提携・交流を深め世界平和に貢献することを目的に活動を行っている。導入部の展示室は、大阪の戦争体験を「空襲の証言コーナー」や「戦時下の暮らし」などで構成し展示している。続く展示室では、満州事変から第2次世界大戦まで、中国、朝鮮、東南アジアへ拡大していった15年間の推移を明らかにしつつ、アウシュビッ

ツの悲劇や原爆の悲惨な出来事もあわせて展示してある。3つめの展示室は、今日の民族・宗教・イデオロギーなどをめぐる紛争が絶えない国際情勢、貧困、地球環境の危機について展示し、平和がいかに危ういバランスのうえになりたっているかを訴えている。戦争体験の風化がいわれる今日、平和博物館の展示から、戦争で行われたさまざまな出来事の事実を直視し、そこから学ぶ教訓を発信し続けることが重要である。

7. 展示と回想法

　高度に発達した文明社会は、さまざまなストレスや不安を生み出し、そのストレスや不安に対して、郷愁がきわめて有効だと言われている。郷愁とは、意識するかどうかに関係なく、過去のことを、懐かしむことにより、心が安らぎを覚え明日への活力がわいてくる。そして、郷愁に浸るとき人は純粋で感動的な気持ちになるもので、それだけに共有する郷愁は、強い絆として信頼関係を築くといわれている。

　回想法を提唱した最初の人は、1960年代に活躍したアメリカの精神科医、ロバート・バトラーである。高齢者の回想を人生の発達段階の最終課題である死に直面した時に無意識に起きる、誰でもみられる普通の行為であると位置づけた。それまで高齢者の回想自体ネガティブに捉えることが多かったが、回想の過程で、思い出や出来事を統合し、共有化することで、生きがいや自分を取り戻すなど、積極的な意味を見出すことになるとされている。

　近年、日本でも老人施設や病院などで行われ、介護予防の観点から、多くの場面で活用されている。日本における回想法の第一人者である野村豊子氏によると、「生の限りを目前にして、その人生を統合させていくことを促し」そして「死への不安を和らげる」ようになる。「過去を生かしながら今の状況に向かう勇気を育み」、それにより「対人関係の進展を促す」ことで、「社会的習慣や社会的技術を取り戻す」ようになるなどの効果を指摘している。

　博物館と福祉をつないだ展示を考えたのは、愛知県北名古屋市（旧師勝町）の歴史民俗資料館が最初である。

コラム8　昭和日常博物館―北名古屋市歴史民俗資料館

　愛知県北名古屋市歴史民俗資料館（1990年開館、旧師勝町歴史民俗資料館）は、昭和の日常生活用具の収集・保存・展示が行われ、全国から多くの視察者を迎え注目される博物館である。同館が本格的な回想法展示に取り組んだきっかけは、1993年、「屋根裏の蜜柑箱は宝物」という企画展を開催し、各家庭にねむっている昭和時代の懐かしい品々が貴重な博物館資料となることを伝えたことだった。多くの来館者が笑顔で懐かしい品々を楽しんでいたことをうけて、同館は定期的に昭和30年代をテーマとした展示会を開催するようになり、そこはやがて来館者が自身の体験を語り合う（回想する）場と展開していった。学芸員の市橋芳則さんは、楽しげに語り合う来館者に接し、調べていくうちに回想法という心理療法があることを知り、そして、企画展「ナツカシイってどんな気持ち」を開催し（1999年11月）、初めて回想法と資料との関係を提起した。これを契機に北名古屋市では博物館と総合福祉センターが連携し展開する方向性を探り、縦割り行政の難しい壁を乗り越え、「思い出ふれあい事業」として2002年度を初年度にスタートした。国の登録有形文化財「旧加藤家住宅」の敷地に「師勝町回想法センター」も開設され、福祉分野と博物館が手を結ぶ新しい事業が誕生した。

　地域のお年寄りを対象としたグループ回想法によるスクールは、歴史民俗資料館を会場として開催された。その効果測定では、いきいきした表情になり、やる気や好奇心が出て物忘れが減少、認知度が高まったなどの改善が見られ、回想法が大きな力になることが理解された。

　北名古屋市歴史民俗資料館では、貸し出し用の「回想キット」の教育プログラムソフトの開発が行われ、全国各地に郵送・貸出しており予約が多いという。博物館の収蔵資料を活用し、福祉分野と連携する北名古屋市の事例は、博物館の可能性を示す注目される試みである。

図17　北名古屋市歴史民俗資料館の回想法キット（釜炊きごはんの思い出）(写真　同館提供)

8. 展示とコミュニケーション

博物館展示は、今日の情報化社会と生涯学習社会の進展によって、「交流」による学びが注目され、これまでの啓蒙型の教育から、経験や交流を繰り返しながら成長するコミュニケーション型の教育への転換が起きている。利用者が博物館展示の場と関わることでさまざまな刺激を受け、興味関心を起こし、それが学びにつながる。そのためには博物館の持つコレクション、人材、調査・研究、展示活動、教育プログラムなどの資源を、すべての潜在的な利用者にむけて対応できるように、学習者の必要に適う方法を用意しておくことが求められる。

一方的な新聞、ラジオ、テレビ、を媒体とするコミュニケーションとは異なり、参加性、対話性、体験性などの特色をそなえている展示は、専門家ではない一般の人びとに対して、何をどのように見せるかという技術が要求される。ここに技術学としての展示学が必要となる。

ミネソタ科学博物館では「博物館に参加しよう」と市民を誘い、「コレクターズ・コーナー」を展示室に設けている（図18）。そこでは、「何か面白いものを見つけよう」と呼びかけ、コレクション活動を通して、観察方法、資料の分類や認定方法、保存の方法を学ぶプログラムが用意されている。貴重で珍しいものだけでなく貝殻、岩石、動物の骨、松ぼっくりといった自然にあるものを見つけ、いつ、どこで、それを見つけたかを記録し、それが何であり、どうして成長し、何を食べ、なぜ大切なのかを考えさせることにより、多くのことを学ぶことができるようにしている。博物館に用意されてい

図18　ミネソタ科学博物館のコレクターズ・コーナー

るコレクターズ・コーナーに、各自の登録口座をつくり、持参するたびにポイントが記録され、獲得ポイントによって、コレクションの交換や追加ができる楽しみにもなっている。博物館を与えられる存在から、自分のものとして感じられるような活動を行っている、といえるであろう。1970年代より「博物館は、それぞれの価値観に基づく場である」という理念のもとに展開されてきており、コレクションのモノ自体がもつ価値ではなく、コレクションを通して思い出を蓄積する場として、利用者の文化を伝える機能を果たしていこうとする活動を積極的に行っている。

　日本でも、博物館を「自分化」するプログラムとして、個人のコレクションを博物館の展示室で展示してくれる活動が行われている。1995年7月に行われた岐阜県博物館の「マイミュージアム」が最初であるが、その後もいくつかの博物館で行われている。1998年には野田市郷土博物館や釧路市立博物館でも「私の博物館」という展示を行った。家庭で眠っている思い出の品を、エピソードや時代背景などを交えて紹介するもので、市民に展示の場を提供し、コミュニケーションを図るものである。釧路市立博物館の例では、対象の展示品は絵画や単なるコレクションではなく、所有者の思い出が詰まっており、使われていた当時がしのばれるものとし、展示に合わせ博物館側で時代背景をパネルで解説するなど、側面支援を行った。これらの活動は、学術専門のイメージが強い博物館を身近に感じさせ、自分たちの博物館だと愛着を持ってもらうコミュニケーションの方法である。

コラム9　サイエンス・ノース

　カナダのオンタリオ州の州都トロントから北へ、飛行機で約1時間、かつてはニッケル鉱山の町として栄えたサドバリーに着く。ここはヒューロン湖の北岸に位置する人口約10万人の北の街である。1984年にオープンしたこのミュージアムは、新しいタイプのミュージアムとして、世界の関係者の間で注目された施設である。建物は巨大な雪の結晶をデザインした形になっている。事務室やレストラン、ミュージアム・ショップ等のあるエントランス棟と展示棟からなり、その間を鉱山の坑道トンネルでつなぎ展示室へ誘導し期待感を盛り上げてくれる。トンネルを抜けると、左手に岩盤をくり抜いてつくられた、高さ20メートルを超える大映像空

figure 19 サイエンス・ノースの実演広場

間が設けられている。そこでは、オンタリオ州の自然が立体映像で紹介され、ナレーションはなく音（波、風、鳥の鳴き声など）だけで構成されるBGMが、よりカナダの雄大な自然の魅力を際立たせている。

展示室へは、ガラス張りの吹き抜けスロープを、眼下に湖の景観を楽しみながら導かれる。展示室の入口近くには、「スワップ・ショップ」と呼ばれる展示コーナーが設けられている。これは博物館と一般の人びとを結ぶコミュニケーションツールに位置づけられている。市民から持ち込まれるさまざまな資料や集めたい資料を交換したり、化石や鉱物、昆虫標本等の分類や同定をしたり、あるいはコレクションの方法をアドバイスするシステムで、市民が博物館を身近に親しめるプログラムになっている。

展示室では多くの学生ボランティアによって、説明や実験が行われている。ボランティア養成プログラムも充実しており、貴重な訓練や新しい技能が学べるところから、多くの学生が登録している。ボランティアの生き生きした説明と観客が一体となったコミュニケーションがこの館の魅力を高めている。

生きものの展示を取り込んでいるのも特色で、愛称を付けたヤマアラシとビーバーが、マスコットとして子どもたちの人気者になっている。また、ミツバチがビニールパイプを通って展示室と屋外を結び、養蜂の様子や展示室から見えるエサ台に鳥を集め、近くで観察させたりしている。展示コーナーは、ショッピングセンターの店内のように構成され、展示物はカウンターの上で自由に触りながら学ぶようになっている。内側のボランティアと観覧者がカウンターを挟んで向き合い、会話を交わしながら理解を図り、展の内容によっては、カウンターの囲いの内側に入って実験などにも参加できる。さらに詳しく学ぶためには、展示室の数か所に研究者の小部屋（交替で詰めている）が設けられており、必要に応じてボランティアと観覧者に研究者が加わり質疑に参加し、レベルの高い奥行きのある学習に育つコミュニケーション展示が行われている。

コラム10 顔の見える博物館—東北歴史博物館

宮城県が東北の歴史と文化の発信拠点として建設した東北歴史博物館が1999年

10月、多賀城市に開館した。1974年に開館した東北歴史資料館を継承、発展させ、21世紀の生涯学習の拠点にふさわしいコミュニケーションの場を目指している。

「体感できるミュージアム」がコンセプトの一つにあげられており、視聴覚に加え、におい（臭覚）がわかる展示も試み、五感で歴史を学べる工夫をしている。展示室の縄文時代の森の実物大のジオラマでは「森の香り」、貝塚の貝層断面の展示では「磯の香り」、近代の駄菓子屋の再現展示では売り物の「菓子パン・煎餅の香り」を発散させてイメージを膨らませている。

大きな特色としてあげられるのは、「顔の見える博物館」を掲げているということである。館長や学芸員が直接観覧者とコミュニケーションをもつ博物館を目指しており、初代館長の岡田茂弘氏が3階講堂で毎月2回の館長講座を行い、毎週水曜日午後2時から展示室において学芸員による展示解説を行う形をとった。日本の学芸員は多くの業務を抱えて忙しいことも確かであるが、時間を決めて直接的なコミュニケーションの場を取り入れていくことは可能であろう。学芸員にとっても、言い訳のきかない現場で展示を前にして観覧者に説明し、質問を受けることは大いに刺激になるだろうし、いろいろな質問の中から自己の研究を発展させる動機や問題点に気づいたり、あるいは展示更新の新しい視点も生まれたりするだろう。また、博物館の魅力づくりのために、学芸員は知識プラス話術も学ぶべきだとして、落語や講談などの人を引きつける話術を修得し、コミュニケーション能力を高めることも大事な素養と言われている。「博物館ファンは顔の見える博物館職員で作られていく」という岡田館長の考えは、展示とコミュニケーションの視点から大切な指摘である。

9. 展示教材——ワーク・シート——

展示教材としてのワーク・シートとは、展示物をより深い観察に導くように考えられたシートである。教育プログラムの一環として欧米のミュージアムで開発され始まったもので、学校の児童が博物館利用のために、教師と学芸員の協力の下に作成されることが多い。

単なる解説シートとは違い、実物をじっくり観察・鑑賞させるように視点を誘導し、自らが考えるように疑問を投げかけたり、クイズ形式にして答えを探させたりして、何かを気づき、感動して、自分なりの価値や意味を受け取るこ

とを可能にする学習支援ツールである。欧米ではセルフガイドや、単にクイズとも呼ばれている。

　ワーク・シートには、微妙で自由なニュアンスを受け取ることができるように、エンドレスにイメージを膨らませて、新しい可能性が開けるように考案されるものと、正解がありクイズに答えたり、穴埋め方式で正解を書き込んだりするものがある。前者は美術館などの絵画鑑賞の場合に作成される感性を支援するために作られる答えのないワーク・シートであり、後者は歴史的資料、動植物などを観察の中から読み解いて答えを探し、事物の背景や環境へとイメージを膨らませていくものである。ワーク・シートはシート（用紙）に設問を印刷した1枚ものや冊子に綴られたものが一般的であるが、近年はPDA装置（情報携帯端末）などを使ってテキスト化する方法も考えられ、ICTを用いた展開が行われている。

　美術館に行っても、多くの人はどう楽しめばよいか、的を絞れない場合が少なくないようである。絵や彫刻などをなんとなく見て回り、なんとなく出口へということが多いのではないだろうか。美術作品は感性に頼って鑑賞すればよいという考えを否定するのではないが、もっと豊かに美術を読み解くためのツール開発は必要であろう。

　ワーク・シートは展示物のどこをどのように観察させるか、見方の誘導のために質問をしながら、展示物に引き込んでいくためにつくられているものである。つまり、特定のテーマや展示物に対して観覧者の注意を喚起し、引きつけ、想像に富む観察を刺激するように構成されたものである。

　北海道立三岸好太郎美術館では、「たんけん美術館'89」として、小中学生向けのワーク・シートを開発した。それは一室から五室までの部屋ごとに問題を設定し、答えをワーク・シートに書きこみながら、次の部屋に進むように編集されたものである。およその内容は、色や光への観察誘導、遠近法の見方、作品の一部を示し、どの絵の部分かをあてさせ、より深く観察させる問題、またテクニックを読み取らせたりする問題など、一つの絵を見ながら、いろいろなことを考えさせるよう工夫されている。ワーク・シートの活用の利点には、知識を増やすということだけではなく、資料の見方についてさまざまなアプローチがあることを学び、その面白さを知ることで博物館の楽しみ方が身に付いて

いくことがあげられる。また、観覧者が博物館をどのように利用すればよいのかといった学びのリテラシーを向上させる効果も期待できる。

> **コラム11　パナソニックデジタルネットワークミュージアム・林原自然科学博物館 ダイノソア・ファクトリー**
>
> 　東京の臨海副都心・有明にある松下グループ総合情報発信拠点「パナソニックセンター」内に、林原自然科学博物館とパナソニックの２つの企業が、それぞれの専門分野を活かして共同開発した恐竜専門の博物館が2002年9月に誕生し、現在は役割を終えて廃館（2006年5月）となったが、特色にある教育プログラムを行っていた。
>
> 　展示室は４つのエリアに分かれ、１階導入部の化石が集められている標本倉庫、林原自然科学博物館とモンゴル古生物学センターとの共同調査の舞台となったゴビ砂漠の発掘現場、３階は化石を岩石から取り出すプレパラボ、標本研究を行う研究ドッグという順路で動線が設定されている。そして、古生物学者の研究活動を肌で感じられる工夫が随所に考えられ、研究者の好奇心や感動、化石技術者の標本完成の喜びなどに光を当て、その思いが伝わるよう構成されている。現在も進行中の研究を研究者の一人称で語り、「ここはかつて川で、恐竜は川を流されてきたらしい」など、研究者自身が現場を分析する声が流れる。このように研究者がどのように考察し、推論するのかといった思考の過程が紹介され、観覧者を興味深く引きつけ説得力のある展示が実現している。
>
> 　そして、もう１つの特徴は、携帯情報端末（PDA）を用いて行われる展示解説である。入口で手渡される手帳サイズのPDA装置を首から下げて、展示室の各コーナーに置かれたポール（コンピュータ端末）に近づけると画面とイヤホーンから研究者自身が語る解説や関連画像などのデータが見聞きできる。恐竜を題材にしてそれを研究する「人間」と、その活動の過程に光を当て、研究者がどこに着目し、どんな仮説を立て、実証していくのか、PDAという新しい装置が有効な力を発揮している。そして、単なる解説ではなく視点や疑問点を誘導し、興味を喚起して掘り下げていくコミュニケーションツールとしてソフト開発を行った点において、教育的効果の高い展示を生み出している。また、この装置はデータを見学者個人用のホームページに保存、パスワードを使って後日アクセスし、復習することもできる。さらに博物館としては、来館者の展示場での滞在時間や見学ルートなどのデータを知ることができて、展示評価の視点から今後のマーケティング、展示改善

> に役立てることができる。

10. ハンズ・オン展示

(1) 体験展示

　博物館の展示室は発見学習の場であるといわれる。本で読んだり学校で学んだりする文字による情報とは違い、ホンモノを見ることで実感できる場である。できれば実物に触れ体験できれば深く記憶に残る。これこそ教育の原点であり、博物館教育の最も大事なことであろう。

　今日の博物館は、観るだけの博物館から、参加・体験博物館への転換が重要視されるようになっている。参加・体験は、収集・保存、調査・研究、管理・運営などの博物館機能全体に広がりつつある。なかでも展示活動においては、積極的な参加・体験が盛んに採り入れられるようになってきた。

　1999年（平成11）当時の文部省、現在の文部科学省において「全国子どもプラン（緊急3カ年計画）」が策定され、このプランの中に、博物館を対象とした事業として「親しむ博物館づくり」があった。これは、2002年度からの学校週5日制完全実施に向け、子どもたちが楽しく遊びながら学べる参加・体験型の展示を実践するもので、国が全国の博物館に呼びかけソフト事業として支援したのが大きく展開するきっかけとなっている。今までの博物館の多くが「ハンズ・オフ」（触るな）であったスタイルから「ハンズ・オン」（触ろう）へと方向転換するもので、ハンズ・オン活動とは、観て、触って、試して、考えるといった学校で行えない博物館ならではの試みである。今日、多様性や個性化が求められる時代において、博物館はさまざまな好奇心を抱かせる宝庫といえる。

(2) ハンズ・オン展示誕生の背景

　ハンズ・オン展示のルーツは、1899年にアメリカに設立されたブルックリン子ども博物館と、20世紀初頭におけるヨーロッパの科学博物館の代表ともいえるドイツ博物館（1925年）、フランスの発見の宮殿（1937年）などが始

まりとされる。しかし、本格的に展開され現在のハンズ・オンのルーツとなったものは、1960年代におけるボストン・チルドレンズ・ミュージアムとサンフランシスコにある科学館のエクスプロラトリアム（「探求する空間」の意）といわれている。ボストンのチルドレンズ・ミュージアムの館長であったマイケル・スポックは、現在のチルドレンズ・ミュージアムにおける思想と活動の指針をつくり、参加・体験型の展示技術と教育プログラム開発に力を注いだ。そして、ミュージアムは「モノ」ではなく、まず「人」のために存在するという哲学を世界に広めた。現在では、アメリカのほとんどの州に1つ以上のチルドレンズ・ミュージアムが設置されている。従来の博物館は、小学校高学年の10歳以上を対象に考えているのがほとんどであるが、チルドレンズ・ミュージアムでは、①0～6歳の層、②7～10歳の層、③11歳以上のティーン・エイジャーのターゲットに分けて考えられている。そして、テーマは「多様性」（DIVERSITY）に置いている。アメリカは多様な人種、多様な文化があり、多様性を認識することが求められるのであろうが、この多様性は文化的な意味を多く含む言葉であり、子どもを取り巻く社会の「多様な世界」を、小さな頃より知ることにあるようだ。また、どのチルドレンズ・ミュージアムも、地域の自然環境や社会環境という地域の特色を生かしたコミュニティ・ミュージアムである。たとえば、そのまちが産業に特色があれば、産業を中心にした展示が作られ、美しい自然や伝統芸術に特色があれば、自然や芸術を中心テーマにした構成がなされる。このように地域の特徴を最大限に活かした、まさに地域の子どものための博物館である。さらに、よちよち歩きをする1～2歳の幼児を対象にした体験空間やプログラムまで用意されており、ここでは親と子が一緒に学ぶミュージアムであり、親と子の対話を促すさまざまな仕掛けを用意している。

　今までの博物館が、知識や情報を伝達する「情報提供型」であり、「物には触れてはいけない」という原則であったのに対して、チルドレンズ・ミュージアムは、一人ひとりの来館者が知的欲求にあわせた体験ができる「体験思考型」であり、「どんどん触って下さい」というハンズ・オンが中心である。このように知識の習得の空間ではなく、子どもたちの能力を刺激するための展示空間であり、学習の楽しさや興味を喚起し、動機付けを学ぶミュージアムであ

ることに重点が置かれている。展示テーマの選定では、子どもの求める興味を教育の専門家である「エデュケーター」が調査して構成している。

また、エクスプロラトリアムではフランク・オッペンハイマーによって、「聞いて忘れ、見て覚え、行って理解する」という言葉でハンズ・オン展示を表現し、今までとは全く違う新しい参加型展示を考案し、科学の原理を興味深く観察させる展示を生みだした。同館を参考に、ハンズ・オンを採り入れる科学館が世界各国に誕生している。

アメリカから広まったこの思想の背景には、多くの人種が共存し、生きていくなかで起きるさまざまな社会問題を学校教育だけではなく、社会教育機関としての博物館が教育機能をサポートしていくという大きな役割を担っている。

(3) ハンズ・オンの意義

アメリカのハンズ・オン(「手に触れる」)という概念は「プリーズ・タッチ」(please touch)とも呼ばれ、日本でも入館者が五感を使って展示物に触れ、考えるといった参加・体験型の展示を「ハンズ・オン」と呼ぶことが一般化してきた。英国では「ハンズ・オン」だけでなく「インタラクティブ」(interactive)という、送り手が受け手に一方的に情報を与えるのではなく、相互に作用し影響し合う交流や対話がある状態のこの言葉も使っている。

従来のミュージアムの役割が、情報や知識を伝達する情報提供型の情報センターとしての機能に重点が置かれていた施設であったのに対して、体験思考型のハンズ・オンはラーニング・センターとしての機能に重きを置くミュージアムである。つまり、学習の方法を学ぶミュージアムである。知識や情報という結果だけを伝えるミュージアムは、結果が正確であれば、その成果を得るプロセスはあまり重要ではないが、ハンズ・オンを主体にするミュージアムは、どのようにして知識や情報を習得したかというプロセスが重要である。

たとえば、歴史展示の場合、いかに多くの歴史の知識を得たかではなく、適切な問いかけや疑問を誘導して学習に育てるように導き、また、展示や複製品・模造品などに触れるなどの体験を通して、歴史の面白さを知り、歴史に興味を抱かせるといった動機づけが最も重視されるのである。そのためハンズ・オンの開発は「なぜだろう?」「どうなっているのだろう?」という不思議に

思う感性を大切にして、その気持ちを抱かせ続けることが重要である。

　自分自身で問いかけ発見し喜びを得たことは、いつまでも忘れがたい印象として心に強く残る。チルドレンズ・ミュージアムでは「learning is fun」（学ぶことは楽しい）という言葉がよく使われる。学習することの面白さをさまざまな体験や展示によって知らせることが目的である。開発にあたって重要なことは、展示の企画や制作のプロセスにおいて、対象とする観覧者がどのように感じているかといった、展示の効果について検証・評価法を行いながら進めることである。十分な調査や試行を行いアイディアを検証して、試行テストを繰り返し、最も効果的な反応を得られる手法を選んで、最終的な展示制作にゴーサインを出すことになる。すなわち展示の構想段階から完成までのそれぞれの段階において、ターゲットとなっている来館者の協力を仰ぎ、アイディアを実験して、意図した目的を達成しているかを探り、展示が伝えようとしていることが観覧者に理解できるか、観覧者にとって楽しく魅力的であるかなどを調査しながら進めていくということが必要である。

　ハンズ・オンの開発には、教育家、アーティスト、学術専門家などさまざまな分野の専門家の参加が求められる。展示が完成した後においても円滑な管理運営のために、多くのスタッフが必要になる。アメリカのミュージアムでは多くの学生ボランティアが参加している。また、ハンズ・オン展示は多くの人が触り、動かすので展示物の損傷、破損がつきものであり、概して3～5年で補修や取り替えが必要といわれる。アメリカの科学館などは自前で修理できる技術者や工房を持っているので修理や改善が容易であるが、日本では外部の展示業者が展示を制作することが一般的である。このため、ハンズ・オンの導入においては設置後のメンテナンス対応の方法、予算などを検討しておく必要がある。

コラム12　静岡市立登呂博物館

　静岡県の登呂遺跡は、1943年（昭和18）に発見され、数次に及ぶ調査を経て、弥生時代の人びとの農耕生活を浮きぼりにし、1972年（昭和47）に静岡市立登呂博物館として公開された。その後1994年（平成6）参加体験型展示にリニューアルしている。さらに2010年（平成22）新しい博物館が誕生した。ここで紹介して

図20 静岡市立登呂博物館の体験展示

いるのは1994年のリニューアルの事例で、各地に体験型博物館は多いが、常設展示室全体を体験型としたのは、他にない先駆事例である。

展示室へ足を踏み入れると、弥生時代の暮らしに入り込んだような、全身で感じる登呂の村が目の前にひらけてくる。4つの壁面全体に画かれた背景画に、自然環境や四季の流れが展開され、その背景画を主体としたオープンジオラマと、そのジオラマの中へ観覧者が参加する舞台から構成されている。観覧者が演じる舞台のドラマのスタートは、貫頭衣を着ることから始まる。それは弥生人への変身の第一歩となり、展示は見せられる受け身ではなく、展示の舞台に上がった見学者が主役であり、展示物と一体になって体験を通して理解するという展示形態である。

舞台のシーンは、杉の丸太を割って板を作るための木を切る体験、機織りの原初的な形の地機織り体験、土器作り体験、田植えや稲刈り体験、等々、さまざまな体験を通して弥生時代を肌で感じさせる。機械に頼りがちなコミュニケーションと異なり、ここでは5人の体験指導員が観覧者に助言や指導を行っている。適切な問いかけから体験意欲を高め、問題を発見し、学習に組み立てていくという、学習者の自主的な学びを支援するように導いている。

体験を重視した展示は、危険や破損などリスクも伴う。体験材料の補充や人的確保など、維持管理に予算も必要となる。しかし、従来の展示で果たせない大きな教育効果が得られるものであろう。

第3章

展示空間の構成

1. 展示設計と建築設計

　博物館の建物には大きく2つの役割がある。1つは人間の営みに伴う文化的な所産を蒐集し、新しい調査研究から生まれる成果物などを含めて保存・保管機能する役割である。もう1つの役割は、博物館の顔と言われる展示を通じて、今を生きる人びとが生涯を通じて自ら学んでいくことを支援する展示公開機能という役割である。

　博物館の建物は、内部、外部のデザインが一体となって、博物館機能を全うすべきであることはいうまでもない。美的にもレベルの高い建物でなければならないのは当然であるが、有名な建築家が自身の個性を重視したデザイン主張に重きを置き、個性が強すぎて博物館本来の機能や展示空間に制約を受けることが少なからずある。この傾向は展示設計という概念が十分でなかった1970年代以前の建物に散見し、展示設計が必要であるということが理解できず、建物を建てて、既製のケースを買ってモノを置けば、博物館ができたと思っていた頃に多いようだ。

　また、近年は古い建物の再活用を考える事例が増えてきた。それ自体は悪いことではないが、建築構造の合理性（低い天井、多い柱、不十分な床荷重や耐震構造等）、設備等の可変性（エネルギー源への対応、電気の容量不足、非常用電源、空調設備、防犯設備等）において、博物館という特殊で複雑な機能に対応することが難しく、満足する条件をクリアするためには新築なみ、あるいはそれ以上のコストを要する場合もある。

　国や自治体が建設する博物館では、展示設計と建築設計は2つの部署から発注されることが多い。一般的に展示設計は展示内容を担当する博物館準備室、

建築設計は建築部からの発注となる。展示設計は設計者自らの意志だけで進めることはできず、学芸員や研究者との展示シナリオの構築、実物資料の計測、展示資料の製作、現地調査と撮影等々、展示する内容や各種資料を十分に把握し精通しなければならず、チェック項目が非常に多く長い時間を要する。館種によってはどのような機能を持たせた建物がよいのか違いがあろうが、いずれにしても、調査・研究・保存・展示の機能を重視した「ソフト先行型」、いわゆる内側の働きを十分に踏まえた構想、計画を先に構築したあと、建築がスタートするといったスケジュールを組み、建築側へ与条件を提示して、建築、展示の設計段階では、お互いが密接なコラボレーションを図り進めることが重要である。

　今日、博物館の建物に関して課題になっていることの1つに、収蔵庫の容量不足の問題があげられる。博物館開館後10年で収蔵庫が満杯という博物館も珍しくない。博物館の蒐集する収蔵対象資料は今後も増え続けるということを前提に、博物館建設に際して収蔵庫は、当初から、増築できるオープンな構造にしておくことも重要な課題である。

（1）展示室の設備

　展示室の規模や展示対象によって違いがあるが、展示室および展示室周辺における建築設計与条件で押さえるべき点として以下の関連設備があげられる。

①電気設備（受電・変電、非常用電源、電気容量と床・壁・天井の必要回路数など）

②照明設備（展示室全体の基本照明、調光装置など）

③空調設備（冷暖房設備、特殊ケースの温湿度管理設備、換気・除湿設備など）

④防災・防犯設備（火災報知器、煙感知器、消火設備、監視カメラ、非常放送設備、展示室出入口の警備装置、個別ケース内の警備装置など）

⑤荷重対策（床荷重、天井から展示資料・設備を吊す際の吊りもとの強度など）

⑥サービス設備（休憩室およびコーナー、映像・情報機器、水飲み装置、授乳室、車いすなど）

およそ上記の設備等を考慮して展示室の環境を整える必要がある。その際に注意すべきは、設備の老朽化、ランニングコストへの配慮、展示換えの更新性など、あらかじめ十分に対応できるように設備計画がなされることが大切である。また、地震災害、火災、水害に対する防災対策や安全対策、あるいは盗難などへの防犯対策を十分に配慮して、モノの保存と同時に観覧者の人命に関わることについて考慮されなければならない。

図 21　昭和天皇記念館の天井部分（写真　同館提供）

（2）火災予兆システム

　火災報知器、煙感知器の新しい事例として 2005 年（平成 17）11 月に開館した昭和天皇記念館がある。今まで消防法において義務付けられている火災報知器の感知機は展示室の天井部分に設置されており、発見に至ったときには、文化財は失われている可能性が高い。また、夜間などの早期発見が難しい災害なども悩ましい問題である。昭和天皇記念館では、消火剤を使用できない IC チップ工場などの防災用途で開発した火災予兆システムを導入し、これらの問題の解決にあたった。火災予兆システムとは、出火を感知するのではなく、出火に至る兆候をいち早く感知するシステムである。具体的には、空気中の変化を常に観測し、わずかな煙、引火性のガスや異臭に対して異常を知らせてくれる。ケース内では、線香一本に火をつけると、1 分以内に警報が鳴るというもので、文化財保存環境の安全対策向上という視点において、日本で初めて博物館環境に火災予兆システムを採用したものとして注目される（図 21）。

2. 博物館をつくる流れ

(1) 博物館建設の前提

　博物館が完成するまでには、早くて3～4年、平均5～6年、長いもので7～8年かかる。この間に館長を選任して進めるところは少ない。行政内の職員が、建設担当になって建設するのが圧倒的に多い。これでは運営の伴わない建物になってしまい、ハコモノ批判の起こる所以となる。専門館長を建設計画の前に決めて推進することが重要である。館長あるいは学芸部長予定者が、運営のことを考えながら当初から建設計画に関われば、開館後に起こる種々の問題を、避けることができるものと思われる。早めに準備室を設置し、核になる学芸員を揃えることが、よい博物館づくりの第一歩であるといえよう。

　長い時間と多くの人びととの参画が必要となるこれらの期間は、大きく計画期間と製作期間の2つに分けられて進められる。

　博物館は単なる施設づくりとは異なり、永続的に運営する機関であるという認識がまず重要であり、そのため計画に十分な時間を確保することが大事である。行政のトップが博物館の役割を十分に理解しているか、否か、ということは、その後の運営を大きく左右する。

　博物館は社会のどの位置にあり、何のために存在するのか、博物館はどうあるべきであり、どのように機能すべきかについて、検討する計画期間が大事である。すぐれた博物館づくりは、おしなべて首長の理解と見識がキメ手になることが多い。博物館が市民にとってなくてはならないものであるという位置づけがなされることが重要である。

　博物館づくりのプロジェクトを推進するのは博物館（準備室）のスタッフ（学芸員）、コンサルタント、建築家、展示専門家、工事者、製作者、さらに全体の方向を大所から検討するための委員会、博物館のスタッフだけではカバーできない専門的分野の指導をする専門委員などの人びとの参画も必要となってくる。以下に各段階の作業と配慮すべき点を述べる。

（2）博物館ができるまで

①博物館の基礎調査・提言

- 基本構想に入る前に、現状分析を行う作業であり、基礎的事項を調査し、博物館設立の理念（目的と性格）を検討する基礎資料となるものである。
- 当該地域の自然・文化風土など、国内での地域特性や特徴を明らかにし、既存の研究報告の蒐集、それに関連する資料の確認位置づけを明らかにする。
- 周辺の既存博物館の実態調査などを行い、当該地域にどのような博物館が必要なのかを明らかにする。
- 地域住民の意見・要望を収集して博物館利用のニーズを調べる。

このような基礎調査をもとに、博物館設立の必要性、意義や特徴、役割など、新しい博物館の基本的な考え方を集約し、博物館要望の提言書を作成する。

②基本構想

この作業は、文化行政の担当者、学芸員、学識経験者、市民の代表、博物館の専門家などで構成される博物館構想委員会でとりまとめていく。博物館が未来に向けて永続的に運営されるための「基本理念」を定める重要な作業である。

検討項目は、博物館の理念を策定し、それをもとに展示構想、事業構想、立地や施設構想、管理運営構想を取りまとめる。一方、この時期には博物館の設置場所の用地の確保、あるいは、いくつかの候補地の検討がなされることになる。

基本構想作成作業は、内部で行うべき作業であるが、一般的に博物館建設に実績のある専門コンサルタントを選び協議しながら進められることが多い。コンサルタントの行う作業の中身は、以下のとおりである。

- 既存博物館の活動情報、内外の新しい博物館の傾向・動向など必要な資料の整理と提示を行う。また、利用者のニーズなど必要な調査の実施、分析などを行う。
- 設立主体者と協議を行い、スケジュール表を作成し、効率的な作業の進め方やまとめ方を提言する。また、関係機関（事業・施設・運営）との検討

などを行う。
・基本構想委員会に提出する原案のまとめ、作成を行い、委員会で出された意見を整理する。
・関連施設の視察調査などの企画実施。
・基本構想書の編集制作。

　以上がおおよその進め方であるが、ケースにより異なるので協議しながら作成にあたる。

③**基本計画**

　基本計画は、基本構想の方針をさらに具体化し、活動計画では調査研究、教育普及、資料の収集整理、保存保管、ミュージアム・ショップやレストランなどの利用者サービス、広報などの活動の方法を具体的に計画する。

　施設計画では敷地の条件による整理、建物の規模、諸室の配置、動線などを図化し、博物館の機能的なあり方を示すとともにイニシャルコストの算出を行う。

　また、管理運営計画では運営主体、組織と職員配置、施設管理と外部委託の方法などを検討し、ランニングコストの算定も行う。

　さらに、先行する活動計画・運営計画の全体の基本計画に基づき、博物館の顔である展示の基本計画が作成され、建築に先行して展示室に必要な建築への与条件をまとめるものである。つまり、全体の基本計画→展示基本計画→建築基本計画が進められるという流れが望ましい。この時期には、博物館準備室の開設を行い、準備室長には将来の館長候補を据えて、かつ主要な学芸員を採用（学芸員の充実）して進めることが大事である。

　学芸員は、展示構想・展示計画に伴う資料の調査蒐集活動を行うと同時に、展示基本シナリオを作る。展示シナリオの作業は、学芸員だけでは、展示効果がイメージできないので、展示専門家と双方で知恵を出し合い作成する。

④**基本設計**

　ここでは、建築基本設計と展示基本設計はほぼ同時の作業であり、お互いキャッチボールをしながら進行するが、厳密にいえば、基本計画で示された建築予条件をもとに作成された建築基本設計図の展示室平面プランをベースにして、展示基本設計を落とし込むという作業を行うので、建築基本設計→展示基

本設計という流れになる。

　この基本設計で建築・展示の工事費用の概算が出される。計画予算額と比べて差異が生じる場合は次の実施設計で調整する。

　展示基本設計は、展示基本シナリオの立体化である。シナリオ作成の基礎資料である展示資料カード・展示資料リストを確認しながら、展示基本シナリオに書かれた学問的内容を、どのような展示方法・手法で楽しくわかりやすく伝えることができるか設計図として作成する作業である。資料の配置計画、照明演出、最も効果的な展示方法、場合によっては、床の掘り下げや天井を吹き抜けにしたりして、空間の確保を行って効果を生み出す演出方法の設計検討がなされる。

【展示基本設計図面の成果物】

　平面図、立面図、展開図、側面図、断面図、動線図、電気図、特殊造型図、完成予想図（透視図）、場合によっては、縮尺模型を作成、仕様書、概算予算書。

⑤実施設計

　この段階も建築設計と展示設計との相互のコミュニケーションを密にとり、効果的な空間造りを行う。

　展示実施設計は、すべての情報が図面となって定着する最も重要な作業であり、基本設計で表現された内容の実現性と概算費用で出された金額を実施できる金額に確定させる具体的作業である。建築の実施設計がまとまったのをうけ、展示実施設計図をまとめる作業に入り、最後に展示実施設計予算書をまとめ、設計を完了する。

　展示実施シナリオは基本シナリオとは違って、解説原稿、映像シナリオおよびナレーション原稿、プレート（ラベル）の原稿、写真説明、図解説明の原稿まで全ての原稿類を準備する。模型などのメカニックな複合模型の場合は、作動の仕方（タイムスケジュール）を確定する。

　建築は実施設計が終わると工事入札を経て工事段階に入れるが、展示作業は、コンクリートから出る湿度やアルカリガスなど実物資料に悪影響がでないように乾燥期間を待って展示工事・製作の作業に移る。その間では、季節の限られる写真や映像の撮影、レプリカなどの作成等々が行われる。また、この間

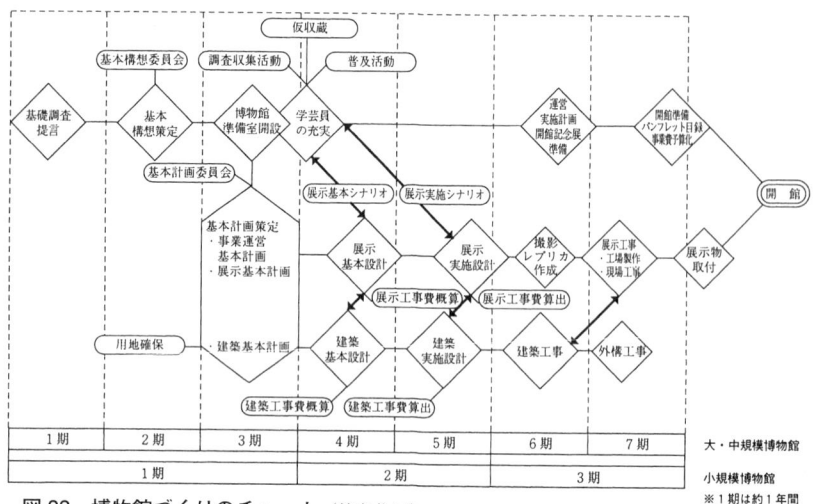

図22 博物館づくりのチャート （筆者作図）

に開館記念展の準備を含む運営実施計画なども準備される。

⑥展示工事

　建築工事期間に、特に大型の展示物を前もって搬入したり、展示装置の一部をあらかじめ建築工事として依頼したりするなど、さまざまな調整があるので、建築と展示との定期的な打ち合わせはこの期間も重要である。

　展示実施設計に基づき、製作図を起こし、展示設計管理者に承認されると、実際の製作に移る。製作途中は、学芸員と設計管理者が共同で検査し細部について指導する。最後に展示物（実物資料）を並べ検収が完了して完成する。

　完了後、約1か月程度の調整期間、機器等のテスト期間をとり、博物館のオープンとなるのが一般的である（図22）。

3. 展示シナリオ

　陳列と展示の違いについてすでに前述したが、ただ単にモノを並べて見せる陳列は、資料リスト表があればよく、展示シナリオは必ずしも必要ではない。しかし、調査によって集まった「モノ」資料と、研究によって作成された「情報」資料から導かれた「考え方・思想」を専門家ではない一般の人びとに伝え

るためには、いかに興味を引くように構成し、わかりやすく伝えるか、展示演出を構成する展示シナリオは重要である。

（1）展示資料カード

　資料は、研究資料として1次資料と2次資料とに分けられる。1次資料はオリジナル資料であり、美術品であれば作品そのもののことである。2次資料はその作品の複製や写真などを示す言葉であるが、展示においては1次資料も2次資料も同じように重要なものとして扱う。展示シナリオでは実物、復元、模型、写真、映像、音声、解説、図解などの諸情報をすべて展示資料として同列に扱い、それらを組み合わせることで展示の演出効果を生み出す。

　一般的に博物館資料は、「資料リスト」と「収蔵カード」がセットになって管理される。展示を行う場合には、実物資料は収蔵カードの中から選定され、あるいは不足している資料は収集されることになる。しかし、展示シナリオに基づいて出展する資料は、上述したように1次、2次資料とも展示資料であり、展示リスト表とともに、展示目的に絞った「展示資料カード」として、1点1点カード化することが大事である。この展示資料カードは、的確な展示計画・展示設計を行う際、基礎的な情報（モノの状況に関する情報、大きさ、形状、色彩、重量、写真添付等）を把握するためのものであり、展示レイアウトや展示表現のさまざまなアイディアのもとになる。展示資料カードを整備することによって、記憶の曖昧さを排除し、情報の精度を確認すると同時に、あるテーマが「もの」と「情報」の集積によって、展示として成立するか否かを判断する基本的要素ともなる。

（2）展示シナリオの作成

　展示の具体化は、学問の専門家（学芸員）と展示専門家（プランナー、デザイナー）との共同作業で進められる。展示の思想（ねらい）・目的、そのために選択される資料や関連文献などが学芸員によって定められ、いかに展示として理解しやすく表現するかについては展示専門家がアイディアを提案し、協議を重ね、最終ジャッジは学芸員が判断して、演劇で言うところの「脚本」にあたる展示シナリオを作成する。つまり、学芸員は観客に語りかける展示の演出

家と位置づけられる。展示シナリオは、設計に入る前の羅針盤であり、「研究」と「展示」を結びつける接着剤の役目を果たし、文章表現によってお互いが共通のコンセンサスを得ることが第一の要件である。

(3) 展示シナリオの構造

　展示シナリオの構成要素は、まず、博物館の設立の背景について記述し、博物館の理念（目的と性格）を明確に示して当該博物館の特色がどこにあるかを明らかにし、それらを表現するための展示基本方針を定める。次に展示する場所が、どのような空間であるかについて、物理的な空間の性格（広さ、高さ、床・壁・天井、出入口等）と電源、照明、空調などの設備条件など、整え定められた具体的展示空間を活用したさまざまな諸計画を立てる。まず展示室での観覧者の動線計画と視線計画の考え方、照明計画、色彩計画、各種解説（パネル、ICT、映像など）のシステム、入館者の利用空間としてのあり方（休憩室や休憩コーナー、混雑度等）を考えた観覧利用計画などである。

　以上のことを前提にして展示シナリオの中心となる本文（展示内容）が作成される。本文を構成するのは、本の編集と同じように章立てを組む方法が採用される。主題（テーマ）があり、章（項目）立てを行い、さらに細目に分けるように系統樹に似た構造をもたせる方が展示においても理解しやすい。展示テーマを設定し、項目を選び、伝えたい「目的（ねらい）」を表現するために、どのような「モノ」と「情報」を選定するか、また、どのような「展示演出」方法を用いて観覧者に伝えるかについて、展示シナリオのなかで図や一覧表などとともに文章化していく。このような組み合わせをどの視点で行うかは、あくまで調査・研究によって得られた学芸員（研究者）の見識によって決定されるべきものである。

4. 展示空間のつくり方

(1) 展示空間の考え方

　展示空間は、学芸員が調査・研究した考えを一般の人びとへ提示する「場」である。つまり、展示したい考えや思想をモノや情報をもとに立体化する作業

であるといえる。この展示する「場」は、論文や報告書などのページをめくって読み進むといった二次元の世界とは違って、三次元の空間では、目の行き所を定めることが難しく、意図した通りにうまく動いてくれない。心理的条件、物理的条件などを考慮して、二次元世界とは全く異なった解釈と編集が要求される。展示空間をデザインする時においては、空間構成、模型・ジオラマなど造型の表現力、グラフィックや映像・音響の伝達効果など、さまざまな伝達技法の特徴を踏まえた取捨選択、あるいは組み合わせして構成することが重要である。また、観覧者の視線がどのように働くかをよく考え、他の博物館展示事例やシミュレーションで予測し、観覧者の身となり、人とモノ・情報、人と人などの関わりを確認して計画しなければならない。

「空間」をデザインする技能としては、観覧者の動線のあり方、展示物の劣化を防ぐ条件の整理、明るさと資料の保存科学に配慮する照明工学といった展示の科学性、空間移動における疲労度の軽減、展示物の配置と見る姿勢や視野の範囲といった物理的条件に対応する人間工学的視点、空間の高さ、広さ、狭さ、色彩および明るさや暗さの心理的側面からの計画、情報を効果的に処理して理解しやすく整理する認知心理学など心理的条件のアプローチが必要である。「情報」をデザインする技能としては、感性を刺激し・美しく感動を伴って伝える芸術性は、人びとの能力を引き出す重要なエデュケーションの一つであるという認識のもとに、文字や図版などによるグラフィック、映像、音響、デジタル技術などの視聴覚装置、ジオラマ、パノラマ、模型などの造形装置などを駆使し、五感に訴える一種の総合芸術として空間を編集することが重要である。

展示室の種類は、規模にもよるが、恒久的な展示室（常設展示室）と、短期間の展示・催しが可能なように、企画展示室（特別展示室）の2つを設けるのが一般的である。館の規模や館種によっては、部門別展示室、分類展示室、収蔵展示室、体験学習展示室などを設ける場合がある。

展示室の天井高は、館種によって、あるいは展示物の大きさによって異なるが、一般的には3.5〜4.0m以上の高さを確保する方がよい。ただし、美術館などは現代美術作品など大きいサイズの作品もあり、何を展示するかによって左右される。

図23 岩手県立農業科学博物館のメッシュ天井

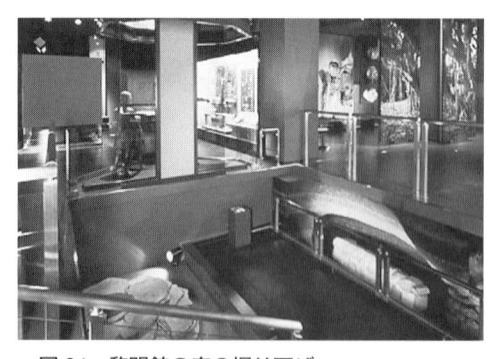

図24 黎明館の床の掘り下げ

（2）展示室の床・壁・天井

　展示空間における床・壁・天井は、展示替えや新しい成果や発見による展示の変更にスムーズに応えられる装置やシステムをあらかじめ組み込んでおく必要がある。たとえば、天井は照明や空調、防火上の設備など建築・展示との絡みの多い部分であるが、ルーバーまたはメッシュ天井にすることにより、火災時の排煙口を天井裏に設けることができて有効壁面の確保やグリット構成にして電源（ライティングレールなど）の設置、グリット交点での資料を支持するためのジョイント（吊りボルト）、格子状のラインをレール構造にして可動吊りパネルで部屋の仕切り、展示コーナーを簡便に構成することができる。たとえば、岩手県立農業ふれあい公園農業科学博物館では、メッシュ天井に各種の装置を組み込んでいる（図23）。床は、吸音性が高く、観覧者の歩行に安全で滑りにくい疲れない素材を選び、展示替え用に一定の間隔でコンセントの配置を行い、展示内容によっては床の掘り下げ（図24）、あるいは床を高くして俯瞰させたりすることも行う。展示壁とは建築壁の内側に展示のために設ける壁である。展示壁には解説・イラストや絵・写真などの情報伝達パネルとコーナーの間仕切り壁、ウォールケースやジオラマ・模型などを覆う造作的な壁がある。形態は平面・多面壁、曲面壁、球面壁など展示内容を効果的に表現できる構成にする。建築壁には展示壁を支持する金具等をあらかじめ埋め込み展示壁を固定し、展示壁にも展示資料が着脱でき

第3章 展示空間の構成 75

●天井を展示に使ったアイディア────────

図25 地質標本館　日本列島上に震源分布と震源の深さが光で表現されている。

図26 パワーハウスミュージアム
雲を描いた空の下に2体の彫像が象徴的に展示されている。

図27 黎明館　鹿児島県の地形模型上に南国の空が広がる。

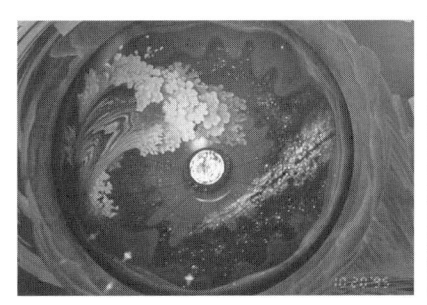

図28 神奈川県立生命の星・地球博物館　エントランスの天井に銀河系と地球が象徴的に描かれている。

図29 オーストラリア国立博物館
天井面の動きのあるデザインが躍動感を表現している。

●床を展示に使ったアイディア

図30 オークランド博物館　珊瑚礁に生息する生物が床の中に展示されている。

図31 若狭三方縄文博物館　地中に埋まっている丸木舟の展示。

図32 時雨殿　京都を空中散歩しているように楽しめる。

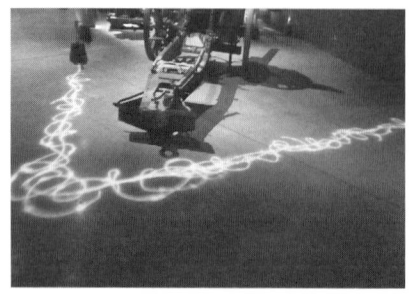

図33 オーストラリア戦争記念館　鉄条網を床に写し結界の代わりにしている。

図34 旭川市博物館　ジオラマ手前の観覧者の立つ部分に落ち葉を敷き込んである。

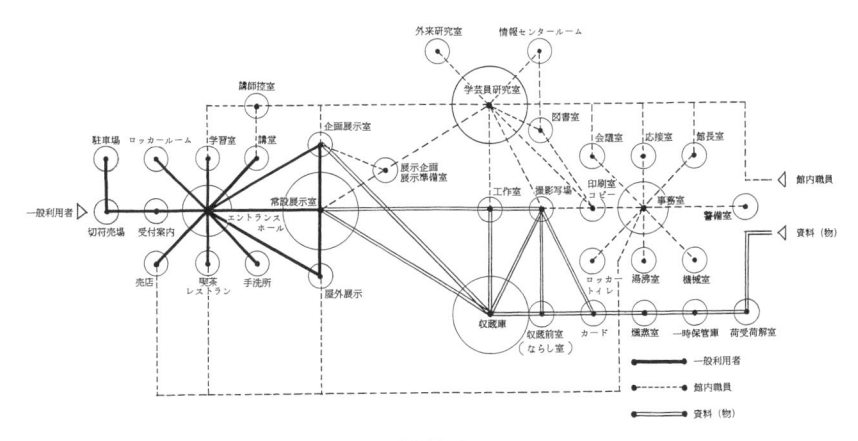

図35　博物館諸室の機能配置図および動線図（筆者作図）

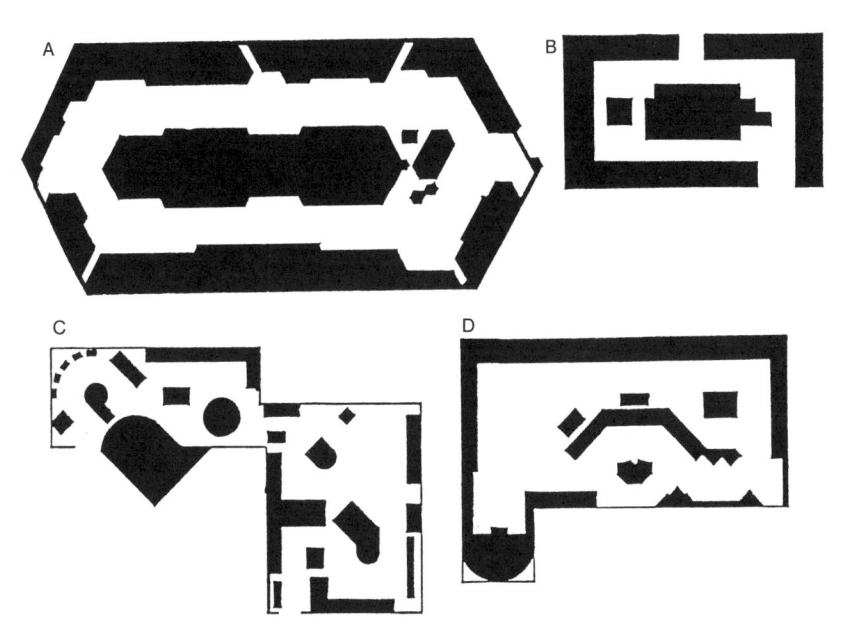

図36　展示占有面積　AB図は展示占有面積が50%を占める例。CD図は展示占有面積が30%を占める例（筆者作図）。

るように一定の間隔でジョイント可能な設備を準備しておくことで展示更新が容易になる。

(3) 展示空間の配置

　博物館における展示室の配置は、人と物との両面から考慮し設定される。まず、展示室は博物館のエントランスロビーに接し最短距離に位置させる。展示室の周辺には、収蔵庫、学芸員室が配置されると共に、展示準備室を設けてスムーズな展示替えができるようにする（図35）。

　展示室の面積は、展示ケースやステージ、模型などの展示装置が占める床（展示床）の部分と観覧者のための床（通路床）面積に大別される。展示室において展示床として占有する面積は館種や展示内容によってさまざまであるが、データから見ると、およそ20〜60％の幅がある。展示床が50％を超えると混み合い窮屈なイメージが強く感じられる。目安としては展示が占有するスペースを25〜35％、観覧者のための通路床のスペースを65〜75％程度にしてゾーニング計画を立てるのが望ましい（除く美術館）（図36）。

コラム12　北九州市立自然史・歴史博物館

　北九州市立自然史・歴史博物館が、2002年（平成14）11月に開館した。新日鉄の遊休地の活用を目指す再開発事業の一環として、市の「SHINE（シャイン）博物館構想」に基づき、既存の自然史、考古、歴史の3つの博物館が1つになって新たに開館したもので、西日本最大級の博物館である。所蔵資料は52万点を超え、うち約6000点を展示している。46億年前の地球誕生から現代までの自然の歩みを示す「自然史」と先史以前からの北九州地域の人びとの暮らしを振り返る「歴史」の2ゾーンで構成され、自然と人間が歩み続ける生命の進化の道程を見つめていく存在でありたいとの思いを込めて、愛称を「いのちのたび博物館」にしている。この博物館は、展示シナリオに基づく資料配置や空間形状、展示演出のための空間のあり方などをもとにして、建物の形を決めたことで効果を最大に発揮している。また、来館者が自由に好きな所を見られるよう順路の設定はなく、ショッピングモールで買い物を楽しむような雰囲気を取り入れている。ホールのサイドには「ぽけっとミュージアム」という小さな展示スペースが並び、モールを歩きながら小さなお店に入るような感覚である（図37）。従来の博物館のイメージから脱皮し、堅いイ

メージをなるべく避けるように、親しみと楽しめる展示が工夫されている。

自然史ゾーンで入館者の目にまず飛び込んでくるのは、この館の目玉である全身を復元した恐竜骨格としては、世界最大のセイスモサウルスのレプリカである。体長35m、推定体重42トンの世界最大級の草食恐竜で、歩く際に発する地響きのす

図37　北九州市立自然史・歴史博物館のぽけっとミュージアム

ごさを想像して、ラテン語で「セイスモ（地震の）」という名が付いたそうだ。この空間は「アースモール（地球の大通り）」と名付けられ、長さ100m、1・2階吹き抜けの大空間に生命の進化を表す20体もの標本が一堂に展示されている。地球誕生を解説する地学現象コーナー、生命の誕生した古生代、恐竜が繁栄した中生代、そして、ほ乳類の新生代、生命が多様化した現生へと続いていて、ここを一直線に歩くだけで、生命の進化がはっきりと見える展示空間になっている。

もう一つの目玉は、北九州の恐竜時代（中生代白亜紀）を再現した「エンバイラマ」と名付けられた360度体感型のジオラマ空間であり、リアルな恐竜ロボットが動き、あちこちから唸り声が聞こえてくる。歴史ゾーンは政治、文化、経済など、さまざまな交流を紹介する「路」をテーマにして、古くから交通の要であった北九州の古代から現代に至る歴史を展示している。導入部の探究館では、昭和30年代の八幡製鉄所の社宅と弥生時代の暮らしの2つを再現し、一日の時間の流れを同一に設定して、そこに暮らすそれぞれの家庭の会話を復元、時代を超えた家庭の温かさを伝えている。

この博物館は、来館者が面白く学習できるミュージアムをコンセプトに、「都市型の観光拠点」にすることを目的にして進められた施設である。

コラム13　ケ・ブランリ美術館

パリのエッフェル塔のほど近くにあるケ・ブランリ美術館が、シラク大統領の7年越しのプロジェクトとして推進され2006年6月に開館した。ヨーロッパ以外の地で生まれた文明と芸術との新しい関係をテーマに、アフリカ、アジア、オセアニア、アメリカ大陸を取り上げ、世界のあらゆる文化は等しく敬意が払われるべきで、美術館が「文化と人の平等な尊厳を十分に示す平和実現の道具」になってほし

いという願いから生まれた。建築・展示はジャン・ヌーヴェル氏によるもので、セーヌ川の近くにある場所から橋をイメージした建築となっており、夜には湖に浮かぶようなイメージを演出するためのライトアップが施されている。

　展示室を構成する南側の壁面は可動式のパネルが設置され、太陽光を遮るようにコンピュータ制御できるシステムを採用し、ガラス面は紫外線カットフィルターが貼られている。展示室への導入は緩やかなスロープ（4度の傾斜）上のインスタレーション映像を楽しみながら誘導される。展示室に近づくと共に照明は暗くなり、天井も低く押さえられ、展示室に入ると突然大空間が現れるという演出が図られている。4500 m² の展示室は、ゾーンごとに床の色が分けられ気候的に温かいアジアは暖色系、寒い北部アメリカのゾーンの床はブルー系といった数種類の色で張り分けられている。また、アメリカゾーンは石造の資料が多いところから光の変化のある（外光の入る）部分に設置されている。

　通路を遮る約150 cmの高さの土壁をイメージさせる造形物には、サイン、解説、図表、イラスト、モニター映像などが埋め込まれているが、見え隠れしつつ垣間見せるといったエキゾチズムな期待感を持たせる空間的な工夫でもある。展示空間全体（図38）は、各ゾーンの導入部にその地域の目玉となる大型資料の展示が置かれ、曲線（展示ステージ、造形物）や幾何学模様（床、天井）を多用して動的な空間イメージを構成している。

　特に温湿度や光の影響を受けやすい資料は箱状のブース内で展示され、保存科学的な配慮を行っている。また、この箱状のブースは積極的に建築外観として活かされ、外壁から出っ張るカラフルな造形デザインは特色にもなっている（図39）。

　セーヌ川側の壁面は、緑の絵柄を施した透明フィルムが張られて森をイメージさせる。その

図 38　ケ・ブランリ美術館の展示室（図録より）

図 39　ケ・ブランリ美術館の外観

濃淡のあるグリーンの間から漏れる光は、全体としてはダークな色調で明るさをコントロールした展示空間を演出しており、また、薄い緑の部分からは外部のセーヌ川の景色を垣間見ることができて閉鎖感をなくす効果を果たしている。

中2階の資料調査を紹介するコーナーでは、研究者がフィールドでメモした記録ノートの中身を写真処理して敷き詰めるように壁面や展示床、展示台に貼ってある。研究者の克明な調査の様子がダイレクトに伝わる展示手法として興味深い。

コラム14　福井県立恐竜博物館

福井県勝山市に、世界的なレベルの恐竜専門博物館が2000年（平成12）7月開館した。北陸地方の「手取層群」と呼ばれる地層から恐竜の化石が相次いで発掘され、勝山市で発掘されたフクイサウルス、フクイラプトル等が世界的にも貴重標本として注目される展示物である。

博物館は、数百メートル離れた国道から森の中に浮かぶ卵型のドームがランドマークになっている。地上3階、地下1階で、長尾山の地形を生かした建築構造となっていて、玄関は3階に位置している。エントランスを入ると長さ35mのエスカレーターで、地下1階の恐竜の世界に、一気にタイムスリップさせる。実物標本をアートギャラリー風に展示したダイノストリートを進むと、アメリカ・ワイオミング州産のカマラサウルスの埋まった状態を再現した展示があり、掘り出された現場の臨場感を伝える。

柱のない巨大なドーム（奥行き80m、幅55m）内では、「恐竜の世界」「地球の科学」「生命の歴史」の各ゾーンが広がる。圧巻は、9割以上の実物化石で組み立てたカマラサウルスなどの全身骨格40体以上がズラリと並ぶ「恐竜の世界」ゾーンである。これだけの恐竜の全身骨格を集めた施設は国内には他にない（図40）。

展示資料の中には、皮膚が残った大変珍しい化石で知られるドイツ・ゼンゲンベルグ自然史博物館のエドモントサウルスのミイラ化石（複製）や羽毛のある恐竜として知られるシノサウロプテリクスの複製などがあり、世界各地から集められた標本は貴重なものが多い。しかも骨格標本だけでなく動くジオラマなど、来館者が想像を膨らませることができる展示構成になっている。また、目

図40　福井県立恐竜博物館の展示空間

の不自由な人のため、触れると2点から音が出て恐竜の大きさがわかる装置なども用意され、障害者へのバリアフリー展示の配慮もなされている。濱田館長（初代館長）は、福井県立恐竜博物館の役割をアジアの恐竜研究の拠点を目指すとともに、恐竜が出現して繁栄し、現在も鳥類として生存している歴史を、地球環境との関わりのなかで見つめ、地球環境史を総合的に考える場にしたいと話していた。

5. 展示ケース、展示台・展示具

（1）展示ケース

展示ケースは、資料の安全を第一とし盗難や塵埃から守り、資料の観察ができるようにガラスを用いたケースの総称である。展示室の壁に固定されたケース「ウォールケース」と「可動式ケース」に大別される。可動式ケースは、①縦型で背の高い「ハイケース」（ケース内に壁面を持つ）②上からのぞき見る低い「ローケース」（テーブルケース）③縦型で展示室中央などに置かれ、四方から見られる「センターケース」などがある。

ウォールケースには、温度湿度を展示室内と同じ条件にし、ケース下部と上部に空気の取り入れ口を設け自然換気させるタイプと、機械空調を使って収蔵庫と同じ温湿度を管理するタイプがある。

資料保存を重視する目的で開発されたケースに、気密性を保持したエアタイトケース（密閉ケース）がある。エアタイトケースは、空気の出入りを極力最小限に防ぐ構造にして、ケース内の湿度を一定に保たせる吸湿、放湿作用を持つ調湿剤を用いる方法である。

むき出しのオープン展示を行っている場合でも、触れると傷む資料、あるいは刃物など怪我をする恐れのある場合は、部分的にカバーする簡易ケースを用意する。

（2）展示ケースの必要条件

展示ケースの必要条件を下記にまとめる。
①観覧者にとって見やすいこと。
②学芸員にとって資料の展示替え作業等が容易であり危険性がないこと。

●各種の展示ケース 1

図41　県立神奈川近代文学館のウォールケースと作業時の動き

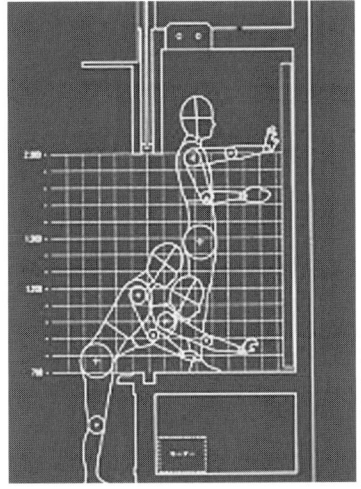

図42　県立神奈川近代文学館のウォールケース　前面ガラスが天井に収納できて作業性が高い。

図43　那須歴史探訪館のウォールケース

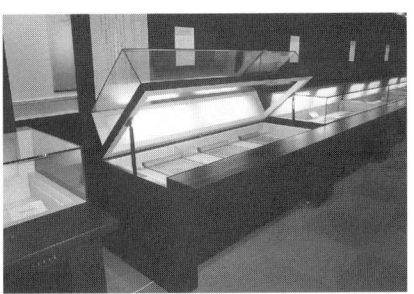

図44　国文学研究資料館のテーブルケース

図45　オーストラリア戦争記念館の勲章展示ケース

図46　雪印乳業史料館（現在、雪印メグミルク 酪農と乳の歴史館）展示ケース

●各種の展示ケース 2

図47　黎明館の薩摩焼用ケース

図48　黎明館の縦型ケース　熱の出る白熱灯は外部から照明。

図49　大英博物館　観覧に楽な手すり付き縦型ケース。

図50　オークランド博物館の縦型センターケース

図51　パワーハウスミュージアムの縦型センターケース

③資料の搬出口の位置は、観覧者の鑑賞の妨げにならないようにする。
④資料の出し入れ扉の開閉方式や施錠がスムーズかつ完全で目障りにならないこと。
⑤構造はフレームなどが目立たなく、頑丈であり、防災、防犯上の危険がないこと。
⑥移動ケースは容易に移動できるキャスターと床に固定できるストッパーを備える。
⑦ガラス部分は、博物館用に開発された高透過ガラスを使用し、グレアを防ぐために「低反射フィルム」を貼り、UV抑制、帯電防止、飛散防止を図る。
⑧ウォールケースのガラス同士の突き付け部分は、気密性を保持するようにパッキンやシーリング材を用いるが、目に入って気になるのでなるべくガラス幅を広くし、ガラス同士の突き合わせ部分の数を減らすようにする。
⑨照明は紫外線、熱線を除いた照明とし、器具から発生する放熱でケース内の温度上昇を避ける構造にする。
⑩ウォールケース内の壁面部分は、上下の垂直面照度に光ムラが生じないよう均斉度を確保する。
⑪ケースの内壁は、ピンや釘が打てるよう下地に低ホルマリン合板を用いてクロス貼りにする。クロス貼りは展示条件によっては調湿性のある下地材や防湿面シート、耐熱性のあるガラスクロスを挟み込むことがある。

(3) 展示台と展示具

　展示台は展示資料を見やすい高さに保ち、安全に設置し、他から際立たせるために用いられる。材質はさまざまな素材を使うが、一般的に合板材で下地を作り、その上を塗装、あるいはクロス、フェルト、紙などを貼って仕上げる。展示資料に応じて平台、斜台などを使い分ける。展示室中央に大型の資料をオープン展示にする場合は、高さが10〜20 cmほどのプラットホーム型に製作したステージ台、一定規格に製作した台を複数用意して資料をグルーピングすることにより、その差異を明確に際立たせる展示台など、展示物によってさまざまに使われる。展示ケース内では資料を見やすいように、ケースの床から

●展示台・取付具のアイディア 1

図52 竹中大工道具館の展示台

図53 九州国立博物館の展示台　木地の暖かみを生かしている。

図54 竹中大工道具館の展示台と展示具

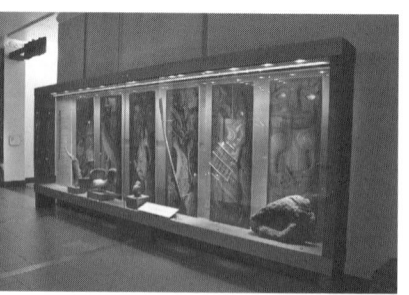

図55 オークランド博物館の展示台と取付具

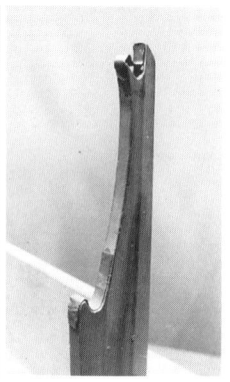

左：図56 陶磁器のテグスワーク
右：図57 刀掛け　板鉛で角度調整する巧みな裏技。

第3章　展示空間の構成　87

●展示台・取付具のアイディア 2

図58　オーストラリア博物館の鉱石展示と取付具

図59　豊橋市自然史博物館のアンモナイト展示

図60　浦幌町立博物館の土器展示

図61　兵庫県立考古博物館の土器展示

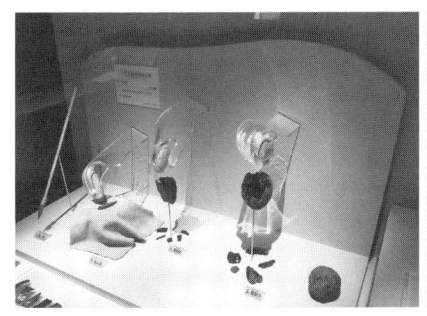

図62　九州国立博物館の展示　道具を握る「手」は透明アクリル製。

図63　秋田県立博物館の展示　石器の使い方を示す取付具。手の形をしている。

●展示台・取付具のアイディア 3

図64 福岡市博物館の展示　軒先瓦の取付。

図65 オークランド博物館の展示　パイプ展示の取付具。

図66 オークランド博物館の展示　アクリルを使った取付具。

●展示台・取付具のアイディア 4

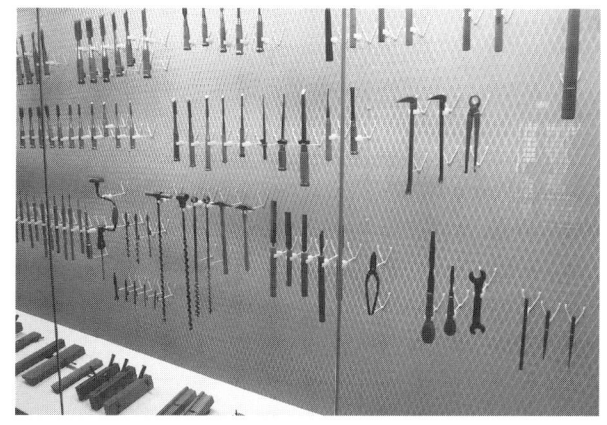

図67　竹中大工道具館の展示　壁面への取付。

図68　北九州市立自然史・歴史博物館の展示　壁面取付システム。

図69　たばこと塩の博物館の展示　アクリル製ファイル。

図70　鹿児島県立博物館の導入展示　貝の象徴的な展示(破損のため2004年廃棄)。

観覧者の眼の高さに近づけるようにする。立体資料の展示台は、展示物に合わせた立方体やサイコロ状のものを組み合わせて使用する。また、古文書や絵巻物などを見やすくするために、手前を低く、奥を高くした斜台を用意し、その上に資料を置き、滑り止めを施して使用する。

　「展示具」は、展示資料を固定するためのもので「取り付けパーツ」とも呼ぶ。展示具は資料の本来持つ機能と特徴を活かす見せ方を考慮し、その上で「安全性」と美しく見せる「展示効果」の両面が成り立つように工夫しなければならない。大きなものはクジラや恐竜を天井から吊して固定するものから、尖底土器や丸底土器の五徳状の支え、円筒状のアクリル台、埴輪や土偶を背面から支える柱状の支持架（アーム）、刀剣用の刀掛けや甲冑台、陶器の倒れ止めのテグス、転倒防止のオモリ、皿立て、衣類用の衣桁、ヤジリなど小物の止め具、巻物の支え具、掛け軸の支え具、屏風の支え金具、絵画の止め具、吊り金物（ステンレスワイヤー）、透明アクリルを使った挟み込み式パネル、壁面に埋め込んだ金属金物のレールからの支持具、床に置いた金属グリット交点からの支え金具等々、さまざまな見せ方の工夫がなされなければならない。また、鏡を用いて資料の裏面が見えるようにした展示台、モーターを使った回転台、免震台などもこの範疇に含まれる。

　製作において注意すべき点は、展示資料の特性や展示意図などを考慮し、展示資料の細かい形状と特徴を把握するために、個々の資料の実測作業が重要である。サイズの合わない既製の展示具を使用すると、資料のサイズにぴったり合わずに、資料を傷めてしまうことがある。どの部分を支持し固定すれば安全か、資料の強度は大丈夫かなど、資料をじっくりと観察し実測する必要がある。

6. 動線計画

（1）動線計画の考え方

　展示室の平面構成を計画する際に、まず決めることは、観覧者の移動動線の方向性である。複数の展示室を持つ建物配置や展示室への出入口の関係によって影響を受けるが、大筋において右回りに移動させるか（時計回り）、左回り

●主な動線のタイプ

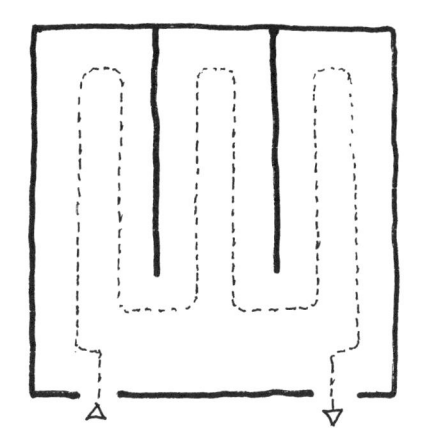

図71 リニア型 規制動線タイプ。大勢の観覧者が訪れる企画展などにおいて用いられる。スムーズに人の流れをつくり混乱を生じさせず、一筆書きのように移動してもらうねらいがある。

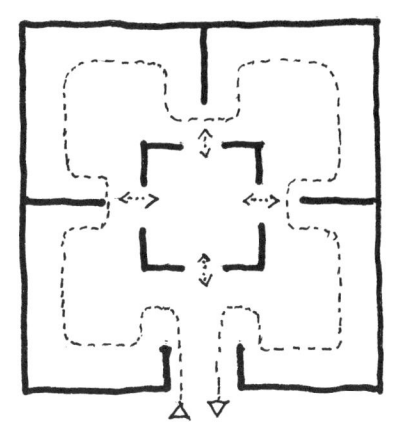

図72 プラザ型 広場を中心に展示が構成され、自由に興味のある展示コーナーを見てもらう方式。

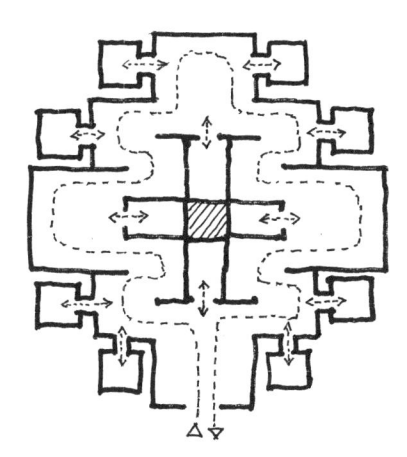

図73 クラスター型 主動線に沿って、ブドウの房のように小さな展示室が付いているタイプの動線。

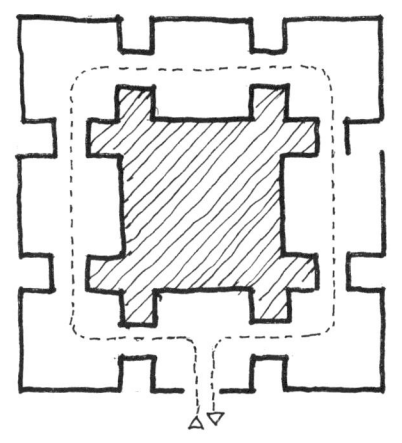

図74 ネックレス型 主動線上に小部屋がつながっているタイプの動線（図71～74はいずれも筆者作図）。

に移動させるか（反時計回り）について設定しなければならない。一般的に自然系博物館や理工系博物館は右回りの動線を採用している館が多い。これは展示解説文が横書き、欧文表記を行うことが多いところから、左から右に移動しながら展示を見て巡る構成である。一方、左回りを採用しているのは、日本の歴史資料を展示している博物館に多く、縦書きの文書や絵巻物など、右から左へと書かれているので、観覧者の順路も内容の進展に伴い移動できる方がわかりやすいためでもある。どちらを採用するとしても、自然に観覧者が流れてゆくように順路を造り、観覧者同士が交錯したり、立ち戻ったりしない構成にすべきである。また、全体の流れの方向を示す誘導表示や観覧順位の番号などを示す表示は文字の大きさなど、視覚に入りやすい配置場所を検討する必要がある。

　動線の幅員は、主動線を3m以上確保し、中に入り込む従動線は1.5m以上の通路幅を確保したい。また、観覧者の滞留が予想される大型の模型やジオラマなどの部分では、滞留できる十分なスペースを確保して混乱が生じないようにする。

　規模の大きい展示室では、利用者が目的の場所に移動する距離を短絡する動線を用意することも便利である。また、複数の展示室を持つ博物館は中央にプラザ（広場）を設け、プラザを中心に見たい展示室を選択させる方法もある。

コラム15　横浜市歴史博物館

　横浜の原始時代から開港までの歴史を展示する「横浜市歴史博物館」が1995年（平成7）1月に開館した。地下1階、地上6階建て、2階に常設展示室や特別展示室、体験学習室などがあり、4階から6階が収蔵庫となっている。博物館の隣には、国指定史跡の大塚・歳勝土遺跡があり、遺跡保存とともに弥生時代の住居を復元し歴史公園として一体となった活用を図っている。

　円型の常設展示室は、プラザ方式と一般に呼ぶ平面構成をとっている。スタディサロン（図75）と名称のついたプラザ（広場）が展示室中央に設置され、休憩コーナーとして、また、学習の場として機能している。館内情報・文化財情報・パソコンを使った歴史クイズ・土器に触ったりする装置など、観覧者の疑問に対応できるコミュニケーションプラザである。その広場を中心として、原始Ⅰ・原始Ⅱ・古

代・中世・近世・近現代が順番に並びプラザに入口を向けている。観覧者の流れ（動線）は、初めての来館者が円型の壁面にそって時代順に一筆書きの要領で流れる動線と、中央のプラザで学習して目的の時代に何度でも出入りできる自由動線の2つの組み合わせになっている。

かつて梅棹忠夫は「美術・骨董的なものを冷凍冷蔵庫の中に入れて見せ、保存するのが博物館ではない。そのモノを通して、我々が今暮らしているこの文明へいかにして到達したか、という情報を送り出すことこそが大切なのだ」と述べている。同館では現代の文明へ到達した背景を明らかにする展示方法として、展示コンセプトを「横浜に生きる人びとの生活の歴史」とし、庶民の暮らしが各時代でどのように移り変わり、今日にいかにつながり到達したかを伝えている。各時代を貫く構成テーマは「変わる横浜の形」「むらに生きる人びと」「人と物の流れ」の3つに分けて、このテーマを各時代の共通の視点にし、それぞれの時代はコの字の形状にして、3壁面にテーマを振り分け、ソフトとハードが一致する単純化した構成が情報を伝わりやすくしている。

親しみやすく楽しいという面では、可能なかぎり文字数を減らし、イラストや想像画を多用して当時の様子をイメージさせ、模型なども多用して、わかりやすい構成にしている。たとえば、東海道神奈川宿のにぎわいをしのばせる茶屋「桜屋」の大型模型に、ストーリーを組み込み、朝・昼・夜の変化が演出され、街道の物売りの声、魚屋での会話、夕刻、旅籠に旅人を招く客引きの声等々、興味深く観覧者が引き込まれるよう展示演出に工夫が見られる。

図75　横浜市歴史博物館のスタディサロン

コラム16　福井県立歴史博物館

福井県立博物館は1984年に総合博物館として開館した施設である。勝山市に県立恐竜博物館が独立したことに伴い役割分担を見直し、2003年（平成15）3月、県立歴史博物館として新たにリニューアルオープンした。

館内は4つのゾーンに分かれ、「もの作り」をテーマにした歴史ゾーン、昭和30～40年代の昭和の暮らしをテーマにした「トピックゾーン」、資料の整理や修復作業を見学できる「オープン収蔵庫」や福井の歴史・文化財を音と映像で綴る「情報

ライブラリー」がある。

　歴史ゾーンにおける展示の動線は、現代から過去へさかのぼる流れで構成している。いきなりなじみのない太古の時代から入ると、自分と関係のない世界へ足を踏み入れるよう感じ、とまどいがちなところから、現在からだんだん過去へたどる方法を採用する動線としている。

　展示は「もの」を中心とし、感性に訴え五感で感じる展示に重きをおいて、図や写真、解説を極力少なくしている。解説文章は必要な情報を4項目の箇条書きにして、最低限の概要がわかる解説になっており、全体として「もの」を見せる空間としてシンプルな構成である。石像や土器、絵馬など残された文化財が、かつて使っていた頃、どのような様子だったかを体感してもらうため、絵馬の展示では、復元して灯明の揺らぎをも再現した照明のもとで、当時の人びとが楽しんだ世界を体験させている。このように「もの」を作った人、使った人、それを愛した人の心なり生きざまなりを伝えることが目的となっている。

　「トピックゾーン」の昭和の暮らしは、駄菓子屋、貸本屋、食堂が並ぶ「町の暮らし」や古い重厚な造りの「農家の暮らし」を再現している。それぞれの展示は、季節ごとに中身や設えが替えられるようになっている。駄菓子屋には、正月の凧、羽子板を売っているが、春から夏になると水中メガネや虫カゴを置き、季節ごとの売り物に変え、背景のパネルは、冬景色と春景色に変えることができる。福井の農家では、昭和40年頃を過ぎると洋間と台所の改築を始めていたのだが、当時の素材にこだわり、木目のトタン、当時使用のタイルなどを集めてその頃の様子を再現している。農家の応接間では、クリスマスの時期には昭和40年代頃のクリスマスツリーを飾り、蛍の時期には虫カゴに蛍を入れて季節感を出している。そして、屋根の上のカラスは柿の実をくわえ、玄関の上にはヤモリ、そして雀をねらう黒猫がいる。玄関先につながれている番犬は、触ったり、観客が玄関に入ったりすると怒って吠える。さらに、応接間に手を差し伸べると電話が鳴る仕掛けになっている。また、柿の実と紅葉した葉は、脱着可能になっており、春には新緑の葉が付け替えられる。このように朝昼晩の演出、空調機を作動させた冬の木枯らし、あるいは秋の台風の演出など、さまざまな工夫

図76　福井県立歴史博物館「昭和の暮らし」の展示

を凝らしており、1回来ただけでは見つけることができない、多くの隠しアイテムを用意してリピーターを促している。

（2）見学コース

　展示内容に奥行きと幅を持たせるためには、展示の見方を複数用意することも大切である。観覧者ニーズに応じたコース、テーマ別のコース、ワーク・シートやPDA装置など教育プログラムによるコース、ミュージアムツアーなどの人による展示解説コース、対象者別（子どもやお年寄り、外国人、障害者）のコース等々、観覧者のニーズを調査し、それぞれに対応した見学コースが選べるようにすることは、一度見たら終わりではなく再来を促し、常に新しい発見ができる展示を提供できることになる。

　1つの展示室の中に「概要コース」「通常コース」「詳細コース」の3つのコースを用意する考えについて以下に示す。

　①「概要コース」は、視覚情報を中心に子どもからお年寄りまで、幅広い層が楽しめるように写真、イラスト・絵、ジオラマなどビジュアルな表現を多くして、わかりやすく、直観的に捉えられる構成にして、時間のない観光客にも短時間で概要が理解できるコースにする。

　②「通常コース」は、概要コースに加えて、解説パネル展示、映像展示、体験展示など、比較的に時間に余裕のある人を対象に全体を通覧するコースにする。

　③「詳細コース」は、専門的な情報を求める人びとに対応する展示を構成し、詳細情報を提供できるコースにして、学芸員や専門家とのコミュニケーションの機会まで用意されるコースにする。大阪歴史博物館の観覧ルートは、再現された模型やパノラマ、映像などを見ながら大阪の歴史を約1時間で体感する忙しい人のために用意された「ハイライトコース」と、実物資料やグラフィックなどをじっくり見て回る「全周コース」が設定されている。

7. 視線計画

資料の配置計画は、視線計画と関連して考える必要がある。視線計画は、展示物の正面に立ったとき、視野の範囲の中において、どの位置が見やすいかという計画を行うものである。人間の目の構造から認識できる広がり、集中できる範囲をもとにして、展示空間の広さ、高さ、展示物を見る距離などの条件のなかで設定する。

視野とは、角度で計れる広さを表すもので、頭を動かさないで見ることのできる範囲である。片目ごとの視野は単眼視野と呼び、この視野内では明瞭な像が脳に送られないため、物がぼけて拡散して見えてしまう。しかし、両眼で見れば各々の視野が重なり合って別々の眼で見た場合より、中央の視野が広くなる。この視野の中心部を両眼視野と呼び左右にそれぞれ60度であり、きわめて明瞭な像が脳に送られ、奥行きの認知も行われる。さらに、この中央の視野では、文字やシンボルの認知も行われるが、文字は

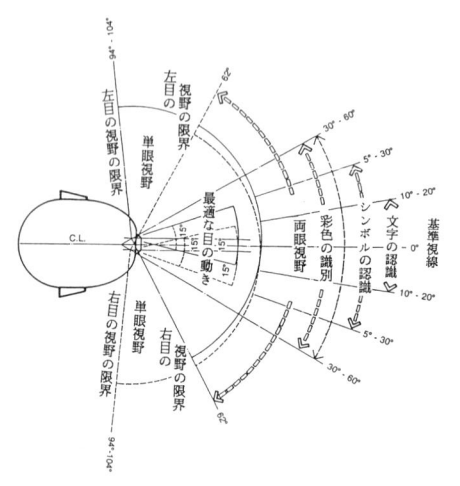

図77 水平方向の視野範囲 （Panero *et al.* 1979を改変）

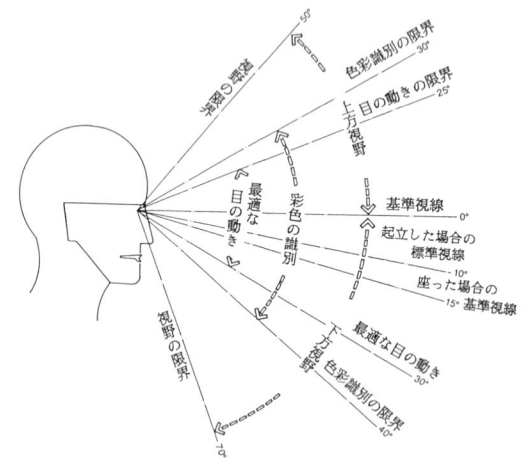

図78 垂直方向の視野範囲 （Panero *et al.* 1979を改変）

中心から左右に 10～20 度、シンボルは中心から左右に 5～30 度の範囲で可能である。また、色彩については色にもよるが、中心から左右に 30～60 度の範囲とされる（図 77）。

頭を動かさないで視野に入る垂直方向の限界は、仰角 50 度、伏角 70 度である。この範囲において、楽に見られる範囲は色彩識別の限界といわれる上方 30 度、下方 40 度である（図 78）。以上のデータから単純化した立体的な図にすると、上下、左右の範囲を見ると楽に展示物が見ることのできる範囲は上に 30 度、下方向 40 度で、左右の幅は 60 度に入る長円錐で示される視野の内側である（図 79）。

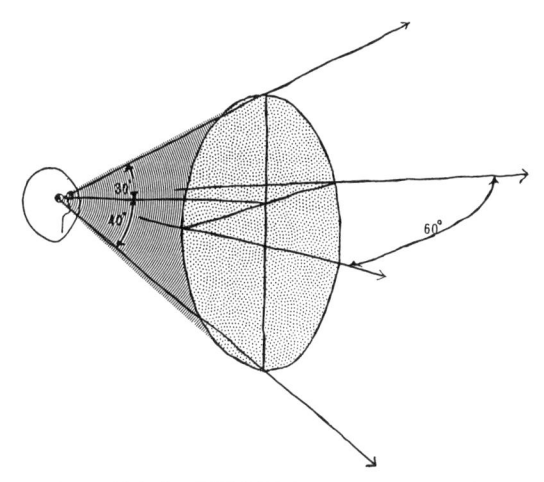

図 79　見やすい視野の範囲　(Panero *et al.* 1979)

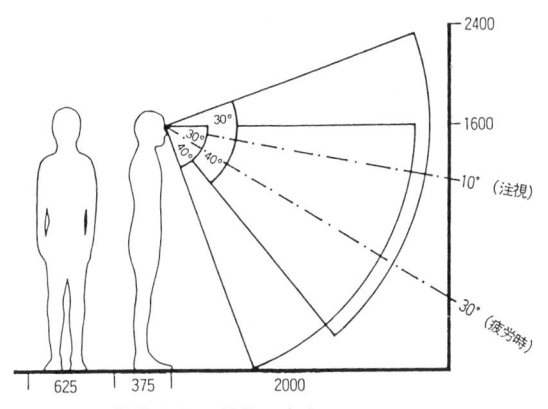

図 80　基準となる視線の高さ　(Panero *et al.* 1979 を改変)

視線の高さについては（図 80）、日本人の平均身長からおよそ 1500 mm とされるが、人の自然な目線は水平よりも約 10 度下になり、これを基準として上に 30 度、下に 40 度と計画する。ちなみに、疲労時はさらに水平から 30 度下に基準が下がるとされる。以上が人間工学による生理的な指標である。これらのことを理解した上で、展示する物によっては、機能的になりすぎないよう

に注意することも必要であり、人間の感じる空間心理を忘れてはならない。視るという行為には、見る人の積極的な働きが、加わることを計算に入れなければならないからである。憧れの対象としての仰ぎ見る空間や、全体を見渡せる鳥の目の視点、小さな穴から覗かせる見せ方や親しみやすい間近な視点などにも意識する必要があり、空間心理を含め展示するモノによって視線計画を立てるべきであろう。

コラム16　神奈川県立生命の星・地球博物館

　小田原市内の箱根登山鉄道・入生田駅から徒歩3分という立地に、神奈川県立生命の星・地球博物館が1995年（平成7）3月開館した。この自然科学系博物館は、館名に明確なコンセプトを打ち出したところに特色がある。神奈川県域にとどまらず、グローバルな視点に立った「生命の星・地球」を基本テーマとして、地球環境の重要性をともに考えようとするものである。常設展示室は基本テーマに沿って、「地球を考える」「生命を考える」「神奈川の自然を考える」「自然との共生を考える」という4つの視点に分け、地球46億年の営みを明らかにし、今日の姿を直視して、未来に向かって我々一人ひとりが、今、何をしなければならないかを問いかける展示である。

　グローバルなテーマである「地球」「生命」の展示には、1・2階を吹き抜けにし、大空間を用意している。観覧者は展示項目の順に、それぞれ個々に見てゆく展示の見方と、総合的にトータルで見せる展示から構成されている。「木を見て森を見ず」といった狭い視野では、正しい理解や認識を得るのは難しい。つまり、地球が生んだ多様な生物種である巨大な動・植物から小さな昆虫までを大空間に配列し、動線に沿って個々に見ていく展示と、生命が誕生し、さまざまな進化を遂げ、数えきれない生命の棲む地球となった現在、それぞれが生態系のバランスのなかで生きている様子を表した展示、個々を見て、さらに全体を見ることは重要である。この大空間の展示を、3階フロアから、一堂に見渡せる展示手法をとったことが成功している。

　展示室全体を俯瞰してみせる方法は、バラバラの断片をつなぎ合わせて見せる手法であり、「分析する」というよりも、「統合する力」である。一見、無関係に思えるものに関連性を見出す力ともなる。神奈川県立生命の星・地球博物館はグローバルな展示テーマで構成されており、全体を俯瞰して見せることで地球の調和を伝えようと試みている。

常設展示室の他に、幅広い要望にも対応できる学習支援システムが用意されている。ミュージアムシアターでは、ハイビジョン映像により地球の歴史を紹介。地球誕生時の過酷な環境の星であった地球から、長い時間をかけて、おだやかな今日の姿に生まれ変わった物語をコンピュータグラフィックスや特殊映像を駆使してわかりやすく展示している。また、ミュージアムライブラリーは、収蔵資料や神奈川に生息する生物の状況をデータベース化して提供するとともに、映像や図書を用意して、展示で触発された知的刺激を、より深い理解へと導くものである。さらに、ジャンボブック展示は、大型の百科事典を開いたかたちで構成されたユニークな展示である。実物資料が満載された百科事典のアイディアは、今まで集められた多くの収蔵資料を持つ同館ならではの展示である。

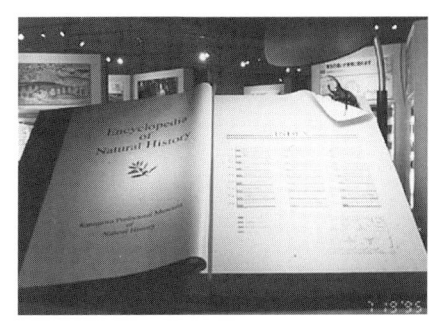

図81　神奈川県立生命の星・地球博物館のジャンボブック展示

第4章

展示の芸術性・物語性・共感と感動

1. 展示の芸術性

　表現レベルの高い展示を構成するためには、芸術性が重要である。美しいものを見たときは気高い感動が引き出される。教育（Education）には、引き出す（educt）の意味があり、導かれた感動によって、より深い理解へつながってゆくところから、美的な感動は重要なエデュケーションであると言えよう。
　展示をわかりやすくするには、あるものとあるものの関係をわかりやすく説明することであるが、そのためには構成・演出をしなければならない。「テーマを定め、資料を選択し、配列を考え、起承転結において山場をつくり、観覧者は博物館が想定する見る流れに従って見て歩くことになり、時間的前後が生じ、そこでは意味の軽重が生じることになる。このように構成し演出する展示行為そのものが創造的で芸術性がある」と倉田公裕氏は述べ、展示の編集能力を「交響楽的効果」と表現し、「学芸員の頭脳と手で、各種資料を観客に物理的・心理的に最良の条件で提示する技術であり、視覚芸術であろう」と展示の芸術性について述べている。展示の技術はサイエンスであり、それはまた、芸術（アート）でもある。展示とは「サイエンスに支えられたアートである」といえるのではなかろうか。
　アメリカ自然史博物館のジオラマ（図82）は、夕空を鳥が飛んでいく美しい自然の瞬間を捉えて表現しており、観覧者にとって心の安まるシーンであると共に、自然のすばらしさを大切にする心を育てるエデュケーションである。図83は同じくアメリカ自然史博物館のツルのジオラマであるが、室内の照度を低く押さえるためガラスが鏡のように映り込みが生じることを避ける工夫が必要になる。ここでは前面に取り付けられたガラスが観覧者側に傾斜してお

図82 アメリカ自然史博物館のジオラマ（夕焼けと鳥）

図83 アメリカ自然史博物館のジオラマ（ツル）

図84 スミソニアン自然史博物館の「自然の輝き」展示室

図85 神奈川県立生命の星・地球博物館の標本展示

図86 北九州市立自然史・歴史博物館の標本展示

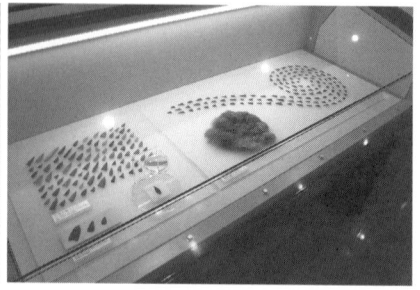

図87 福井県立歴史博物館 ヤジリの展示

り、ガラス面に反射する光が観覧者の目に入らないようにするテクニックを採用している。

　また、アメリカのスミソニアン自然史博物館にあった「自然の輝き」という、自然界の美しいものを集めた展示室（図84）では、展示技術によって、さらに美しさが強調された展示が試みられている。自然科学系博物館において感性を大切にする美術館的な展示室を設けた事例としてユニークな試みである。

図88　九州国立博物館　面の展示

　神奈川県立生命の星・地球博物館と北九州市立自然史・歴史博物館の標本展示では、昆虫の展示の方法として、生きているような動きのある表現、美的な表現をしている（図85・86）。専門家を対象とする分類展示とは違うテーマ展示室は、いかに感性に訴え観覧者の興味を引きつけるかが重要になる。

　福井県立歴史博物館のヤジリの展示（図87）では動的な展示とともに美的な構成がなされている。九州国立博物館における面の展示では、レイアウトの美しさとイマジネーションを深める光と影を演出した効果的なライティングがなされている（図88）。

コラム 17　浜松市楽器博物館

　楽器産業で有名な浜松市は音楽のまちづくりを掲げ、その一環としてJR浜松駅前アクトシティに1995年（平成7）4月、楽器博物館を誕生させた。管理運営は公益財団法人浜松市文化振興財団に委託している。楽器専門の公立博物館としては国内初めてである。同博物館では収蔵楽器の中から約1300点を展示している。

　展示は「それぞれの時代・地域のさまざまな楽器を通して、人間はそれらをどうとらえ、どんな音をどういう風に聞いてきたのか、楽器と人間の関わり方を、社会背景を交えながら紹介する」ことを主眼に構成されており、これが全体の基本的コ

図89 浜松市楽器博物館の展示室（写真同館提供）

ンセプトになっている。

ルネッサンスの頃の楽器は"目にも耳にも美しく"が求められたという。楽器本来の美しい音を出す機能の他に、目を楽しませる機能も強く要求されたそうだ。美しい調べを奏でる楽器は、機能的なフォルムとともに美しい形にまとめられ、美しい図柄を施された工芸品ともいえる楽器が多い。「浜松市楽器博物館」では、その感動を伝えるために管理者の視点でなく、観覧者の視点に立つという考えで多くの資料がオープン（むき出し）である。大阪音楽大学の西岡信雄教授の指導で進められ、通常オープン展示の実現はなかなか難しいのであるが「管理者の視点ではなく、観覧者の視点に立つ」という考えのもとに、ガラス越しに見るのではなく、美しさを直接見せる展示方法を採っている。心ない一部の者がいることを前提にしながら、多くの人びとに間近に感動を伝えようとする信頼に基づいた展示である。楽器の展示の前には、ヘッドホンがセットされ、その楽器で演奏された名曲を聞くことができる。アイリッシュ・ハープのコーナーでは「庭の千草」が演奏されて、観覧のご婦人が「いつまでも聞いていたいわ」というのが聞こえた。そのような人が多いのか「長時間ヘッドホンでお聞きになりたい方は椅子をご用意いたします。係員までお申し込みください」という表示があった。演奏された名曲を耳にすることにより、視覚と聴覚の刺激が忘れがたい印象を見る人に与えることができる。浜松市楽器博物館は、目にも耳にも美しくを実現している事例である。

コラム18　アートセンターとしての「人類の神殿」

イタリア北部ピエモンテ州のバルキュウゼラは、アルプスの麓に位置しトリノの街から50 kmの距離にある。そこには「ダマヌール」と呼ばれるヨーロッパ最大のコミュニティ（44のコミュニティからなる）連合体がある。イタリア政府公認のもとで、独自の新しい社会体制を実現しているダマヌール自治体は、国連から「グローバルな人間の共同社会フォーラム2005賞」が授与されている。

ダマヌールは、1975年の創立以来、新しい社会を提案し続け、今ではエコロジカルな社会の実現、精神性を高めて人間として成長する活動や、芸術性を学ぶ活動などが行われている。ダマヌールでは、特に創造性や精神性を飛躍的に加速させる

のに、芸術は大きな効果を果たすとして、鑑賞するだけにとどまらず、共に創り出す活動を重要視している。

ダマヌールの施設内には、各種の芸術活動のためのアトリエの他、芸術家の教育を行うピエモンテ州公認「芸術専門学校」、芸術品の修復工房などの養成機関も設置されている。ここでは「芸術と

図90　ダマヌール民家の外壁

は私たちの心の中にあるものを、外にイメージとして表現し、現実に生み出すことであり、内面の美しさを外に出すことである。創作活動を通じて心の未知なる領域を開発する訓練として役立ち、まだ使っていない自らの偉大な可能性を引き出す」と創設者の一人であるフェニーチェ氏は述べている。総合的な芸術空間として生み出された「人類の神殿」は、ダマヌールの人びとの手によって集結された芸術的表現の傑作である。地下70メートルの深さに「大地のホール」「水のホール」「金属のホール」「鏡のホール」など約10ホールで構成され、各ホールは空気が自然に入れ替わるように落差がつけられ狭い回廊でつながっている。山の中腹の入口からトンネルを進みエレベーターで最下層の「大地のホール」に降り立つと突然ステンドグラスの天井、柱に掘られた彫刻、そしてさまざまな文字や絵画があふれ、違った時空に入り込んだ感覚に包まれる。それぞれのホールではダマヌールの産業となっているステンドグラスや、彫刻、壁画、陶芸、彫金、モザイクの技術を駆使し、光や音響効果によってホリスティックな空間が生み出されている。穴を掘り進める作業から始まり、ホールの構造からアート空間の細部まで、専門家のみが担当したのではなく、素人が習い、学び、技術を積み上げ、ここに住む人たちによって創り出された空間の完成度に驚く。壁画には、ここに参加したダマヌールの市民がリアルに描かれ、また地球上のいろいろな生物、絶滅してしまった生物、絶滅に瀕している生物も含め描かれている。芸術活動が市民生活の日常生活に入り込んだ事例としてミュージアムの活動に参考となる施設である。

2. 展示の物語性

　展示の物語性は、観覧者が論理をわかりやすく理解する上において重要な要素の一つである。「観念的に言えば、人間は論理を理解するようにできていない。人間は物語を理解するようにできている」（認知科学者ロジャー・C・シャンク）といわれ、また、「語りによるイメージ作り、すなわち『物語』は思考の根本的な道具である。理性的な能力は物語に依存している。私たちの経験や知識、思考の大部分は物語という形で構成されている」（認知科学者マーク・ターナー）などといわれている。

　今日、インターネットの普及で、事実はどこでもほとんど無料で、すぐに手に入れることができる。誰にでも瞬時にアクセスできるようになると、一つ一つの事実の価値は低くなってしまう。物語は「ハイコンセプト」と「ハイタッチ」が交わるところにある。ある物語を別の文脈のなかで説明することで、より明確にそのことを理解させるという意味においてハイコンセプトであり、また、必ず感情的な効果が盛り込まれているのでハイタッチなのである。たとえば、事実は「母が死に、父が死んだ」であっても、物語では「母が死に、その悲しみのあまり父も亡くなった」となる。事実を「文脈」に取り入れ、「感情的インパクト」を伴って表現することで、印象深く伝わるという能力が、ますます重要になってくる。感情によって豊かになった文脈こそ、物語を語る能力の本質でありえる。抽象的な分析は、厳選された物語を通して眺めることで、わかりやすくなるということを理解しておく必要があろう。ただし、物語は分析的思考に取って代わるものではなく、物語は新たな将来的展望や、新しい世界をイメージさせることで、分析的思考を補完するものである。

図91　人と防災未来センターの展示

たとえば阪神・淡路大震災記念「人と防災未来センター」の展示（図91）では、白い模型にスポットが当たり、「生きていくために」とだけ書かれたタイトルが多くの物語を伝えている。

コラム19　大阪城天守閣

　大阪城天守閣は、1997年（平成9）3月にリニューアルオープンした。観光文化施設として、多くの観光客が訪れるここでの動線は、混乱なくスムーズに流れるように、まず一階の入口からエレベーターで最上階の8階展望台に上げ、地上約50ｍから大阪のまちを一望した後に、階段を下りながら7階から1階までの各展示室を見る流れになっている。

　7階は秀吉の生涯を誕生から死に至るまでの19場面にまとめ、ミニジオラマに映像を組み込んだ手法でわかりやすく紹介している。各場面は1分間の解説で次の場面に移り、次々と観客が移動する方法を採っており、先を急ぐ観光客を対象とする施設としては、飽きずに見ることができる、ほどよい長さである。次の展示室の5階では、「大坂夏の陣図屏風の世界」を展示している。黒田長政が戦勝を記念して描かせたといわれる屏風を素材に物語を作り、各場面がクローズアップされ展開される。戦いの激戦の場面、勝者の誇らしげな様子、我先に逃げまどう敗残兵、豊臣軍の女性に乱暴する勝者の兵、戦火を必死で逃げる民衆の有様、待ち伏せて身ぐるみを剥ぎ取る盗賊に手を合わせ命乞いする女性など、戦いで常に弱い者が犠牲になる様子が感じ取れる。屏風には多くの場面がいろいろな思いをこめて描かれているが、それを短時間で理解することは難しい。屏風の全体像と各場面をマルチハイビジョンによって、鮮明にズームアップして見せる絵解きの手法は、わかりやすく説得力ある展示である（図92）。

　秀吉という一個の人間が立身出世して栄華を極める上昇期と、晩年の朝鮮出兵や老いて生まれた秀頼を守るために、跡継ぎとされていた自分の姉の子秀次とその家族全員を殺してしまうおごりと猜疑心、秀吉が死を前にして誓約書まで書かせて五大老五奉行に秀頼のことを頼む姿などの展示から、人間の弱さ

図92　大阪城天守閣マルチハイビジョン

を赤裸々に見せている。大阪城天守閣の展示方法は、秀吉という希世の人物を中心に展開される壮大なドラマと、織りなす人間模様を巧みに編み込んだ「物語性」が、高い展示効果を表している。

コラム20　国立科学博物館「日本館」

　2007年（平成19）4月、国立科学博物館に「日本館」が完成。2004年に新設された「地球館」と合わせた展示面積は約1万1000 m^2 となり、国立科学博物館はまさに日本を代表する国内最大規模の自然科学系博物館である。日本館は1930年に建てられた旧本館を改装。展示面積は2000 m^2 である。建物はネオルネッサンス様式を基調として、当時の科学の象徴であった飛行機型のデザインが特色となっており、歴史的建物の雰囲気を活かした展示改装がなされた。

　「日本列島の自然と私たち」という大テーマに沿って、豊かな自然とそこに暮らす生物の進化や、日本人と自然の関わりなど約2900点の資料を展示している。

　展示動線は、3階まで上がり、1階から3階まで吹き抜けた中央ホール左にある南翼の展示室が導入口である。最初のテーマの「日本列島の素顔」は、海に囲まれ南北に長い現在の日本列島の自然を伝え、北翼側では首長竜「フタバスズキリュウ」の全身骨格やアンモナイトなど化石を中心に展開する「日本列島の生い立ち」。2階のフロアに下りて南翼の「生き物たちの日本列島」、ここでは生物多様性が高くなった地理的特色、そのなかで独自の分化を遂げたことを展示。北翼では日本人の人類史をたどり、豊かな自然のなかで固有の文化を生んだ「日本人と自然」、最後は1階の南翼で、日本の自然・風土に育まれ、花開いた技術を「自然をみる技」というテーマで構成している。日本を主人公にした20億年間の時の流れ、そして南北3000 kmの壮大な時空の旅の物語に、各展示室の導入部分で謎掛け的な問いかけを行い、興味を抱かせ誘い込む仕掛けが組み込まれている。

図93　日本館「昆布の道」コラム展示

　博物館展示にとって物語で伝えるのは理解を深める手法である。日本館では当初からストーリー性を重視することに定め、研究官自らが「ストーリーブック」を作成することからスタートしたという。そして、展示に参加した展示プランナー、展示デザイナー、展示制作者が

ストーリーの実現に向かって一つになれたということが、展示実現の重要なプロセスとして評価できる。このストーリーブックは、現在も教育ボランティアの方々の研修に使われているという。

　また、見逃せないのは、小さな展示ケースの中に、観覧者の身近な生活とのつながりを模型で表現した「コラム展示」（図93）を随所に配置されたことである。「昆布のはるかな道」と書かれたコラム展示では、器に昆布料理が置かれてある。解説パネルには、「北海道に分布する昆布が古くから京料理や沖縄料理に使われているのはなぜだろう」とあり、室町時代の交易や江戸時代の北前船で広まった食文化によるというコメントが付いている。また、「渡り鳥が知らせる麦まきの時期」や「害獣供養鹿踊り」等々、サイエンスと暮らし、アートや食とのつながりなど、コラム展示をつないで見て回るのも楽しい。自然科学を扱う博物館の主流ストーリーではないが、現代の生活と博物館がつながるもうひとつの物語であり、博物館を身近に感じさせる展示である。

3. 共感・感動の展示

　情報は、共感し、感動することによって、より深く記憶に刻まれる。価値や情報を正しく観覧者に伝達することは当然であるが、観覧者の共感、感動を引き起こす優れた展示方法の工夫が重要である。

　「共感」とは、相手の状況に自分を置き換えて考えられる能力であり、その人の気持ちを直感的に感じ取れる能力である。また、誰かの立場に立ち、その人の視点で考え、その人が感じるようにものごとを感じることのできる能力である。共感は、想像力によってもたらされるもので、普段とは違った思い切った行動となる。東日本大震災において、多くのボランティアの人びとが行動したのは共感のなせる行動といえる。

　感動する展示は、年齢や置かれた立場、社会的環境によって感動するポイントが異なることが多い。感動を受ける人の主観によっても異なるために、すべての人に同じように感動を起こさせることは難しいが、展示テーマの選定や展示資料など観覧者の求めるものを分析し、展示演出シナリオを十分に検討することが大事である。

　一般的には、美しいモノを見たときや、不思議な現象に接したときに驚きや

感動が起きる。以下に感動展示例について見ていきたい。まず、モノとの出会いから生まれる感動がある。「モノ」をいかに魅力的に見せるかが重要である。資料の価値を誰よりもよく知る学芸員をはじめ展示スタッフにより、最良の展示方法が考えられ、その結果生み出された新たな観点が感動を呼ぶのである。そして、人の人生や暮らし方といった生きる姿勢など、自分自身に置き換えて強く引かれ感動することも多い。また、前述の回想法による展示も、懐かしさや共感・感動を引き出すことができる。

　美術館では、多くの人に親しんでもらうために、展示室における共感・感動する「見かた見せかた」に、さまざまな工夫を凝らしている美術館が増えている。展示室で作品を鑑賞する場合、自宅で見るのと違い、移動しながら立った状態で見るというのが普通だが、座ったり寝そべったりして、じっくり見せる試みもある。福岡県直方市の直方谷尾美術館の企画展示室では、絵画のほぼ1点ずつにホテルのロビーにあるようなゆったり座れる両肘付の椅子が置かれ、1点に集中させリラックスして細部まで鑑賞できる展示方法に人気が集まっている。また、熊本県小国町の坂本善三美術館は、古民家を移築し展示室にしたこともあって、すべてが畳敷きで靴を脱いで上がる展示室であり、座っても寝転がってもいい。特別展に際し、あえて天井に展示する作品も用意され、自宅に居るような雰囲気で鑑賞してもらう工夫もなされて、リピーターが増加し滞在時間も長くなったという。これらは入館者の少ない小規模施設だからできることではあるが、自由な発想でアイデアを凝らした試みである。海外の美術館では自由に折り畳み椅子を携帯し、好きなところでじっくり鑑賞できるサービスを行っているところが多い（図94）。

　展示においては、ただ見るだけでなく五感を刺激することで深く記憶に刻まれる。展示室で靴を脱いで素足で見るという行為だけでも、随分と感じ方に影響するものである。

　以前、浜松市の秋野不矩美術館において素足で作品を観賞したことがあった。灼熱の太陽がイメージされるインドの風景画を見ながら、ヒヤリとする足の裏の感覚が、作品を深く印象づける効果を与えたように思う。

　美術館・博物館において、自分自身が主役になれるとすれば、その距離が身近になり親しむことができる。京都国立近代美術館で行われたコレクション展

は、観覧者から「これを見たい」という観覧希望を募り、一定期間内に理由を添えて応募し、選ばれれば1週間展示してくれるという企画である。観覧者が人生のさまざまな出来事のなかで、思い出深い記憶として選んだ作品だけに、その解説も心に響くものとなる。審査基準は、希望者の思い入れの強さに、美術館のスタッフがいかに共感できるかというもので、学芸員が一方的に展示を作り上げるのではなく、共に作り上げる新しい展示のあり方でもある。愛知県小牧市のメナード美術館でも、同じような試みがなされている。こちらは作品を選んだ来館者自身が、作品の前で講演する「わたしの1点を語る」という企画である。このような鑑賞者との対話によって作り上げる試みは、自分が主役になれる場が生まれることであり、共感・感動のソフトを育てることになろう。

図94　大英博物館　折りたたみ椅子を携帯する来館者。

図95　寅さん記念館の展示

　滋賀県立琵琶湖博物館の学芸員であった嘉田由紀子氏は、「博物館展示の個人化」あるいは「自分化」と表現している。博物館が扱う領域をいかに自分化するかということがポイントである。この他にも人を通して伝える「人と人のコミュニケーションによる感動」「参加・体験による感動展示」、リアリティによる感動として「精緻な模型、細部にこだわったジオラマ表現などから受ける感動」等があげられる。

　観覧者にとって心の琴線に触れるポイントはさまざまであるが、まずは企画者である学芸員自らが、扱うテーマやモノに対して愛情をもち、作り手自身が感動できることが重要である。それが来館者の感動を生むことにつながるであろう。

たとえば葛飾柴又寅さん記念館（図95）では「男はつらいよ」の48作もの映画ポスターが展示されている。同映画は日本のふるさとの原風景ともいうべき郷愁を描いて国民的な人気映画だった。

また、相田みつを美術館の展示では、掛軸に書かれた言葉が、下から照らされた温かみのあるオレンジ色の演出照明によって一層心に響くものになっている。

コラム21　ウイスキー博物館

　小樽からJR函館本線で約30分、北海道の西に位置する積丹半島の入口に余市はある。清らかな水、澄んだ空気に恵まれた余市町に、1998年（平成10）4月、ウイスキー博物館が誕生した。ニッカウヰスキー発祥の地である余市町の北海道工場内に、2棟の貯蔵庫をつなげて約1000 m^2 規模の博物館が開館した。工場敷地に一歩踏み入れると、左右に北欧風のオレンジ屋根・石造りの小建物群が並び、手入れの行き届いた樹木や花々のアレンジが美しい景観を構成し、落ち着いた雰囲気を醸し出している。博物館の1棟はウイスキーの歴史、製造方法やウイスキーづくりの道具の展示がなされ、奥には本場スコットランドのパブをイメージしたバーカウンターも設置されている。15年もののシングルモルト（1杯300円）を注文して、ストレートを口に含むと芳醇な香りが口中にひろがり、特別ここでしか飲めないものでもないと思うが、余市の自然と空気のなかで飲む格別のおいしさだった。

　もう1棟は、同社の生い立ちから現在までの変遷をたどる社史を展示しており、創業者の竹鶴政孝の生涯が描かれている。ウイスキーに一生を捧げた創業者の竹鶴政孝の情熱や、周囲の反対を押し切り、当時、船舶航路で数か月はかかるはるかに遠いスコットランドから日本へ移り住み、一度も母国へ帰らなかったという、竹鶴政孝氏を支えたリタ夫人との話は、心に沁み感動的であった。おいしいウイスキーを作り続けているニッカウヰスキーの創業の原点がよく伝わる企業ミュージアムである。

図96　ウイスキー博物館のバーカウンター

コラム 22　市川市東山魁夷記念館

　日本画の巨匠・東山魁夷の業績を顕彰する記念館が、東山が1999年に90歳で他界するまでの50年余りを過ごした千葉県市川市の自宅近くに2005年（平成17）11月開館した。

　1階展示室では、生い立ちや風景画家としての歩みをたどりながら、東山の人柄や人物像に触れることができる。2階展示室は日本画をはじめ、スケッチやリトグラフ等の作品を鑑賞する東山魁夷の芸術世界に浸る空間が設えてある。1階の導入部分では、風景画家として自然をじっくり観察することで思った「風景は人間の心を映し出す鏡である」という考えから、「風景は心の祈り」「描くことは祈ること」など東山氏の残した言葉と、在りし日の姿をアルバム写真で紹介している。日記や知人宛ての葉書、アルバム写真など、絵以外の展示資料も多く、20世紀を代表する日本画家として大成するまでの挫折や葛藤、喜びといった心の旅路を語る構成になっている。

　室内の色調は、「青の画家」と称された東山魁夷のイメージを表すよう、青色が引き立つように照明を工夫し、その濃淡が落ち着いた雰囲気を醸し出している。そして、展示ケースや本人が実際に使っていた青や緑の50本の「岩絵具」が淡いブルーの光床に置かれてシンボリックに展示され、メモリアルな空間を印象づける。また、青い色は、学者のように静かで思索的な人物像であったといわれる人となりや、静謐な画風を表現する効果を発揮している。

　2階の展示には、画家の思いと共感できる解説ラベルがある。一般的に美術館の作品に付いているラベルは、作者名と作品名・制作年が記されるだけであるが、ここでは作者の思いや視点を誘導する鑑賞のための言葉が添えられている。「夕明り」と付けられた作品には、「夕べの薄ら明かりに浮かびあがる白馬。静かで、穏やかな風景です。この一瞬ができることならばいつまでも続いてほしいと思うようなときって、皆さんにも経験がありませんか？」とあり、観覧者の心象風景に訴えかけ、絵画と一体になれるようなコメントが書かれている。

第5章

展示の科学

1. 資料の保存と展示

　博物館は全体が耐火、耐震構造であることが望ましく、新築は耐火、耐震が前提である。耐震に関しては、建物の基礎に免震装置を組み込み建造すれば地震被害は軽減できるが、新築時において対策を講じなければ実現は困難である（図97）。特に注意すべきは収蔵庫への対応である。建物内における収蔵庫の配置場所は、地階や最上階に設置すべきではない。地階は地下水や大雨などによる被害の可能性があり、最上階は日射熱の影響を受けやすいからである。収蔵庫の周りを部屋で囲み、直接外壁に接しないようにした事例では、温湿度の影響を受けにくく、安定した状態に保つ効果が大きいことがわかっている。一般的に収蔵庫の壁は、結露対策のために二重壁にして、外壁と内壁の間に空気層を設け影響を受けない構造にする。

　建物が耐震構造の場合においても、展示室内では免震対策が必要である。免震装置は横揺れ対策のものが多く開発されているが、縦揺れを含めた複雑な揺れを備えた技術開発が求められている。

　新築コンクリート建築は、コンクリートを打設して数年間に発散されるアルカリ汚染因子への対策に気をつけなければならない。アルカリ性微粒子による劣化は、油彩画で使われるアマニ油への被害が顕著である。絹糸は艶を失い、

図97　九州国立博物館建物の免震装置

染料、顔料は変色し、漆芸品の劣化や青銅の腐食を促進する。アルカリ汚染を避けるには、コンクリート打設後「枯らし」の期間を2年くらいかけることが必要とされる。また、アルカリ除去対策としてゼオライトや珪藻頁岩加工品、活性炭などの吸着フィルターによる除去も効果がある。

内装材の汚染で注意すべき点は、特に建材や展示ケースの接着剤に用いられるホルムアルデヒドなどの揮発性有機化合物（VOC）の問題がある。一般住宅では「シックハウス症候群」として、人体に悪影響を与えることで問題とされるが、博物館においても、絵画の変色などの原因となるので注意しなければならない。

博物館活動としての展示行為は、文化財を保存し、また一方では広く一般に公開し、展示するという二律背反する行為である。特に長い年月を経て今日に伝わった文化財は、老化・劣化現象の進んだ脆弱なものが多く、展示を行うには十分な注意が必要である。これらの貴重な文化遺産を後世に長く伝えるために、展示に際しては文化財の劣化を最小限に止める努力が必要となる。外的環境に起因する劣化要因は、温・湿度、紫外線、熱線、虫、カビ、塵埃、汚染物質などがあげられるが、これらの要因を安全な環境に整え、観覧者にとっても展示空間は快適な状態で観覧できる環境を整備して、展示行為と保存環境の両立を目指した展示を行うことが重要である。

博物館の資料へ害を及ぼすカビや虫に対して、従来は多くの化学薬剤を使ってきたが、近年はミュージアムIPM（Integrated Pest Management；総合的有害生物管理）という考えが中心になってきた。多量の化学薬品を使うことだけに頼らず、いろいろな有効な防除手段を合理的に使い、有害なものを博物館の中に入れないようにし、カビも博物館のなかでは生育させないように対策を行うことである。つまり予防を第一にする考えであり、被害が発生した場合でもできるだけ文化財に安全で、人間の健康と地球環境に配慮した駆除をしようというのがミュージアムIPMの考えである。

学芸員の保存科学（conservation science）への対応について、どのようなスタンスが求められるか。保存科学は一般にコンサーベイションと呼ばれているが、広い意味を持つ言葉であり、研究所は各国にあり、およそ以下の3分野の研究がなされている。

①モノの科学的診断、材質・構造の研究（X線透視など）。
②モノに手を加えず、状態や条件をよくすることで劣化を防ぐプリザーベイション（preservation）。
③モノの修復・修繕を行うレストレーション（restoration）。

上記①の科学的診断は専門家に依頼すればよく、③のレストレーションは、むやみに素人がやるべきではなくて熟練したプロに頼むべきである。学芸員に求められるのは、②のプリザベーションであり、モノの生命を延ばすため、モノと環境に留意すること、また、修理などの必要性があるかどうか見極める目を備えることである。

2. 展示照明と保存科学

（1）照明光源と光放射

光の波長は、4000 Å（オングストローム）以下の短い波長である紫外線、4000〜7000 Å域の可視光線、7000 Åを超える赤外線に大別される（照明にはnm［ナノメーター］という単位が用いられる。1 nm = 10 Å）。

展示で使用されるのは、人間の目に明るさや色として感じる可視光線である。紫外線は人の眼の視覚には感じないが、展示物などの変褪色の大きな要因となる。また、赤外線は温度上昇をもたらす。展示物に好ましくないこれらの紫外線、赤外線を排除する対策を講じる必要がある（図98）。

（2）紫外線・熱による損傷からの保護

展示照明として使われる光源は、LED照明が普及しつつあるが、一般に蛍光灯と白熱灯が多い。蛍光灯は4000 Å以下の紫外線による化学的損傷への注意が必要で、白熱灯は7000 Å以上の赤外線の熱による物理的損傷に気をつけなければならない。

普通の蛍光灯は、褪色の原因となる紫外線量が多いので、文化財や美術工芸品の照明に使う場合は、紫外線除去処理済みの蛍光灯として、NU（ノン・ウルトラバイオレット）マークの付いているものを使用する。この他には、紫外線吸収フィルムや塗料形式の吸収剤を使用することもある。発熱量に関して

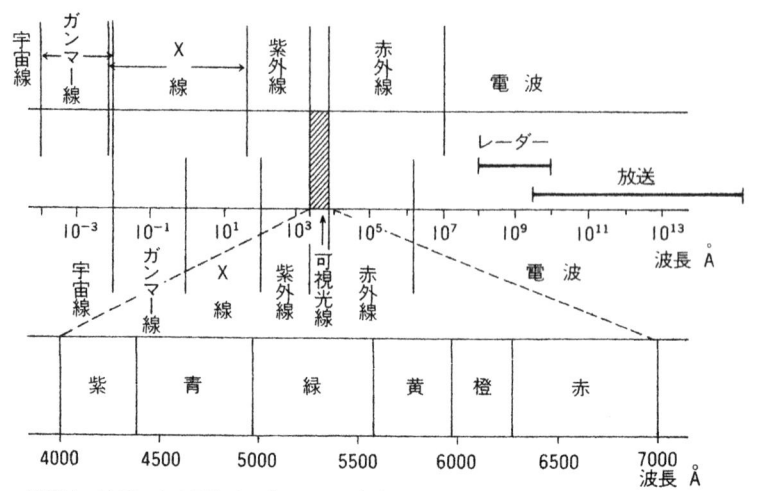

電磁波の波長による区分は、人によって多少違いがある（上段の上）。天然光を分光器にかけると、可視光線は虹色に分解される（下の帯）。
図98　波長による電磁波の分類（登石 1990 より）

は、蛍光管からは少ない。しかし、安定器は熱を発生するので、安定器だけを影響のない所にまとめたり、ケースの外側に設置するなどの注意が必要である。自然光は蛍光灯に比べて、はるかに高い紫外線を含んでおり、原則として展示室では使用しない。しかし、展示対象によって、外光で本当の色で見せたいという博物館の方針がある場合は、紫外線吸収フィルターを貼るなどの処理をする。また、蛍光灯による光の発色は、天然の光に近い種類があるが、青、緑、黄の特定の色にアクセントが付き、かなり改善されたとはいえ深い赤色は十分には表し難い。

　白熱灯は発熱量が問題になる。熱による温度上昇によって展示空間全体の温度変化に影響を与え、相対湿度の変化を生じさせる。温度上昇は展示物を乾燥させ、亀裂や剥離、剥落などの物理的な損傷の原因ともなるので、最適環境を保つようにしなければならない。展示照明に使う白熱灯は、展示物から離して設置し、熱が直接伝わらないようにする。また、赤外線を多く含むので、輻射熱によって温度上昇を防ぐために、クールビームなどの赤外線を減少させる電球や、熱線吸収フィルター付きの器具などを使用する。内側から照明して、鮮

やかに見せる内照式カラーフィルム装置（カラートランスパレンシー）は、たくさんの空気穴を設けるか、強制ファンで熱を排除する方式を採り、色の変色を防ぐ必要がある。

（3）照明としての快適さ：光源の色温度と照度

　国際博物館会議（ICOM; International Council of Museums）による推奨照度基準は、光に非常に敏感なもの、たとえば衣装、水彩画、版画、日本のものでは浮世絵や顔料と膠で描いた日本画などに対して50 lx（ルックス）以下を示し、次に比較的敏感なもの、テンペラ画、油絵、木製品、漆器などについては、150～180 lxとし、光に敏感ではない金属、石、ガラス、陶磁器類はとくに制限を示していない。ただし、300 lxを超える照明を行う必要はないとしている。これに比べて日本のJISの場合は高い基準で許容している。しかし、イギリス、アメリカにおいてもICOMの数値に近い基準を示しており、最近では文化財や美術工芸品が照明で傷むのを低減するために低照度にする傾向にある（表1）。また、照度と光色（色温度）との関係についてICOMでは50 lx時の色温度は約2900 K（ケルビン）にし、150～180 lxでは約4000 Kの色温度のものを使用するように指導している。我が国においても、展示照度をこれま

表1　各国の博物館展示の照度基準（全日本博物館学会 2011 より）

対象		ICOM（仏）(1977)	CIBSE（英）(1980)	IES（米）(1987)	東文研（現行）	照明学会（日本）(1999)
光放射に敏感でないもの	金属・石・ガラス・陶磁器・ステンドグラス・宝石・ほうろう	特に制限なし ただし300 lxを越えた照明を行なう必要はほとんどない。（色温度4,000～6,500K）	同左	200～500lx	200lx	500lx
光と放射に感じるもの	油絵・テンペラ絵・天然皮革・角・象牙・木製品・漆器	150～180lx（色温度 約4,000K）	150lx	180,000lx h/年	150lx以下	150lx（1日8時間、年300日で積算照度 360,000lx-h）
光と放射に特に敏感なもの	織物・衣裳・つづれ織・水彩画・印刷や素描のもの・切手・写本・泥絵の具で描いたもの・壁紙・染色皮革・自然史資料特に動植物標本	50lx できれば低いほうが良い。（色温度 約2,900K）	50lx	120,000lx h/年	日本画・水彩画 100lx以下 染色品・版画 80lx以下	50lx（1日8時間、年350日で積算照度 120,000lx-h）

ICOM：International Council of Museum, Paris
CIBSE：Chartered Institution of Building Society, London
IES：Illumination Engineering Society, New York
東文研：東京文化財研究所

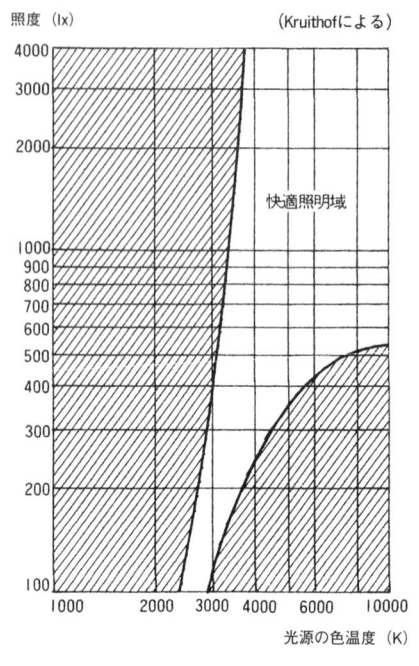

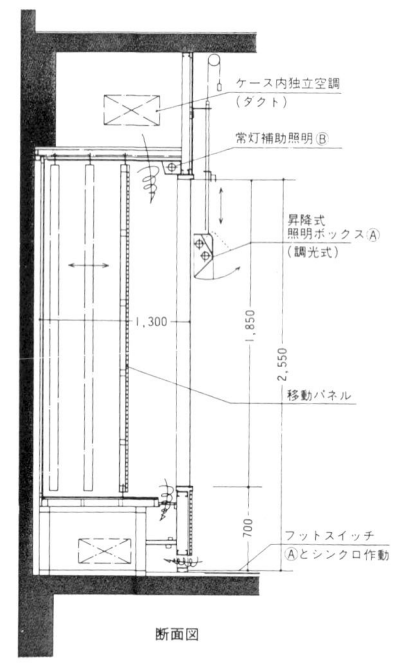

図99 照明としての快適さ：光源の色温度と照度（登石 1990 より）

図100 たばこと塩の博物館ウォールケース（松村数正作図）

での300 lxを平均とする照度から、より低く抑える傾向があり、従来の5000 Kでは快適さを欠くところから、博物館用に50 lxの照度で3000 Kの蛍光灯が開発されている（図99）。

　次にたばこと塩の博物館における照明の照度および放熱処理を考慮したウォールケースの事例を紹介する。メインの照明を展示ケースのガラス面外側から照射する仕組みになっており、ケース内に熱がこもって温度上昇の恐れもない。通常はケース内に常灯の明かりが僅かに点っており、観覧者がケースのガラス面に近づき、足もとの床に設置したフットスイッチを踏むことにより、ケース外照明が点灯、見やすい明るさに照度が上がる仕組みを考えたもので、CO_2削減効果も考えた省エネ型のケースである（図100）。

3. エアタイトケース（密閉型展示ケース）

　展示公開によって劣化の恐れが強い資料は、通常の展示ケースより保存環境を良好にした「エアタイトケース」と呼ばれる展示ケースが使われる。この展示ケースは、気密性を高くして空気の出入りを極力抑える構造にし、劣化の大きな要因である湿度をコントロールすることに主眼を置いて製作される。密閉されたケース内部において良好な湿度環境を維持するには、資料の特性に合った湿度にシーズニング（調湿）された調湿剤を使い、高い湿度での吸湿、低い湿度での加湿が行われ、常に湿度を一定に保つ働きがなされる。この調湿剤は効果の低下が起こるので、ある期間で交換する必要がある。調湿剤を使わずに機械空調を使って収蔵庫と同じ温・湿度を管理しようとする密閉型ウォールケースを製作する場合もある。密閉型ウォールケースの注意すべき点は、資料が置かれる内部空間と観覧者側の空間がガラスによって仕切られており、空調条件が違う2つの環境からガラス面に結露が生じることもあり注意を要する。また、空調の吹き出す風速によって資料の表面が乾燥するので、収蔵庫やケース内の風速は秒速10 cm位が理想とされる。

（1）エアタイトケースの構造

　ケースの本体は、気密性を高めるためにスチール材で構成し、展示物を収める内部の空間は、床、壁、天井部分、そして、観覧側のガラス部分から生じる空気の出入りを防ぐため、シリコンコーキングなどの素材で密閉状態にする。また、展示物の出し入れ部分（扉等の開口部分）は、特に空気の流入や流出を起こしやすいので機密を保持するようパッキングを施す。調湿には目的湿度にシーズニングされたカセットタイプの調湿剤が広く用いられているのでそれらを使用する。展示ケースに採用するガラスは、高透過ガラスに飛散防止フィルムを貼り、展示資料の色が正しく見えるようにし、かつ、不測の事態で起きる破損などでガラスが飛び散り、資料や人体への危険がないようにする。床・壁面部分はスチールを下地材にして、その上に低ホルマリン合板を貼り、布クロスで仕上げる。気密性が高く内装建材から発生する有害ガスが抜けにくいの

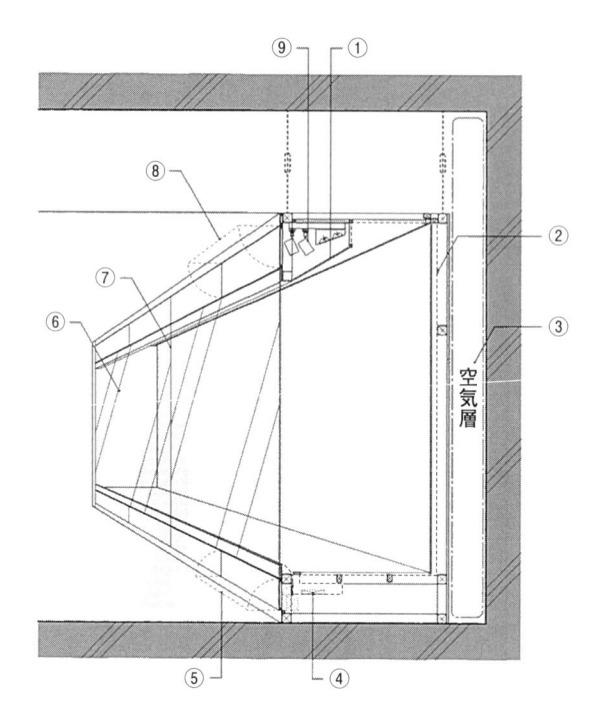

① **熱切りガラス** ケース内と照明器具をガラスにより遮断することで照明器具から発せられる熱がケース内に進入することを防ぐ。
② **ケース周囲** 鉄板などでケース内部を囲い込み密閉する。継ぎ目などはアルミテープなどで塞ぐ（空気交換率：0.1回/24h）。
③ **空気層** ケース背面と躯体壁の間に「空気層」を設けることで、外気からの温・湿度の影響を受けづらくする。
④ **調湿材** ケース下部に調湿材ボックスを設置する。前面に扉を設け、ケース外から調湿材の交換を可能にする。
⑤ **メンテナンス扉** ケース下部のメンテナンス扉より、調湿材の交換・ケース内照明調光などを行う。
⑥ **ガラス・ガラスフィルム** ガラス色（緑色）が少なく、ガラス越しに見たときの色変化が少ない「高透過ガラス」を積極的に採用する。ガラスフィルムはガラス破損時の影響、防犯等を考慮し、飛散防止フィルム・低反射フィルムを採用する。
⑦ **コーキング** ガラス間をコーキング処理し、ケース機密度を上げる。
⑧ **照明器具メンテナンス** ケース上部にメンテナンス扉を設けることでケース内部に入らなくとも照明器具のメンテナンスを行えるようにする。
⑨ **照明器具** 演色評価数「90以上」の灯具を使用する。ランニングコストが安価で、球切れの心配が少ない「LED照明」を積極的に採用する。

図101　エアタイトケース断面図（小林宜文・井上大輔作図）

で、十分に枯らす期間を確保してから展示物を入れる配慮が必要である。照明はケース内に熱がこもらないように、外部からの照明方法か、内部に設置する際は、照明収納ボックス部分と内部を区画する熱切ガラスを設けて、ケース内温度の上昇を避ける（図101）。

（2）公開承認施設

　国宝や重要文化財を展示する場合は、文化財保護法の規定に留意するとともに、事前に文化庁長官の許可が必要である。博物館が恒常的に国宝や重要文化財を展示するためには、安全な環境の下で公開ができるよう、公開にふさわしい施設として文化財保護法に基づき、文化庁長官による「公開承認施設」の認定を受けなければならない。この公開承認施設を目的とした博物館を建設する場合には、事前協議を行って計画段階から文化庁の指導を受けて承認に至ることになる。

　公開承認施設となる利点は、所有者は信頼できる施設として安心して貸し出しができること、主催者にとっては、重要文化財の公開手続きが簡素化されること、文化庁が行っている「重要文化財等公開促進事業」（公開に伴う作品の応急修理費や梱包輸送費、出品者への謝金などを文化庁が負担してくれる）に申請することができる点などがあげられる。ただし、公開承認施設といえども、公開回数（原則年間2回以内）、公開日数（延べ60日以内、劣化の危険性が高いものは、年間公開日数限度を延べ30日以内）、公開のための移動回数（2回以内）の条件が定められている。

4．美術工芸品の保存と展示法

（1）金工品の展示方法と取り扱い

　金工品は湿気によって錆びが生じるので湿度管理に気をつける。特に鉄製品は腐食の原因である。金工品の表面にゴミや埃が付着すると湿気を呼びやすいので気をつける。湿度対策として木箱で保管される場合、「ヤニ」を発生する木材、たとえば、マツ材、ヒノキ材、節の多い杉材等による害が起こりやすいので、収納箱には桐材を使用することが望ましい。収蔵庫の棚などもヤニのな

いものを選び、長期間乾燥させてから使用する。銅や青銅製品は緑青を誘発させるが、表面に薄く覆われた緑青は、保護の役目もあり、錆の進行を抑えるので、むやみに剥がさない方がよいとされている。扱いについては、汗や脂の付いた手で直接触れると錆びやシミなどの原因をつくることになるので注意しなければならない。金工品の展示は布を敷きその上で行う。

（2）漆工芸品の展示方法と取り扱い

　漆は古来より強酸、強アルカリへの耐性をもち、表面装飾材として用いられ、また、接着剤としても利用されてきた。漆芸品は指紋が付きやすいので、扱う際は原則として手袋を用いる。展示する場合は、紫外線など波長の短い光線により漆の材質が劣化するので、日光はもちろん紫外線を発生しない光源による照明を行い照度も低い方が望ましい。一般に漆特有の光沢を活かす方法として白熱灯照明が多用される。また、ヤニおよび香りの成分は光沢を失う要因となるので、収納の際に使用する木箱は桐箱が適している。漆工芸品は虫害を防ぐことにも気をつけなければならない。表面の虫喰い被害はないが、芯となる木質部、紙や接合部の糊への虫蝕が発生するので、殺虫、虫干し、風入れを行って管理する。防虫剤は、漆の表面への影響を及ぼさないパラジクロール・ベンゾール系の薬剤を使うことが推奨されている。

（3）陶磁器の展示方法と取り扱い

　陶磁器は異常な条件を除けば、他の工芸品に比べて温度、湿度の影響は受けにくい。注意すべき点は、衝撃による破損である。陶磁器の展示を中心とする博物館は、建物の耐震構造や展示室における免震装置への配慮が大事である。さらに安定性を高めるために、器の底の部分へ重しの砂袋（乾いた砂を入れた袋を薄葉紙で包んだもの）や、口が細く小さな陶磁器には、小袋に散弾銃の弾を入れて使ったりする。「テグス」を四方に張って固定する場合の注意点は、焼成温度の低い素焼きなど締めすぎて本体を傷つけることがあるので気をつける（図102）。大きな壺などは運搬時の落下が心配されるが、片手を壺の中に差し入れ、もう一方の手で底を支えるような持ち方で運ぶようにする。照明方法は、立体感や素材感、また、釉薬の光沢などを活かす光源として、平板な照

第5章 展示の科学 125

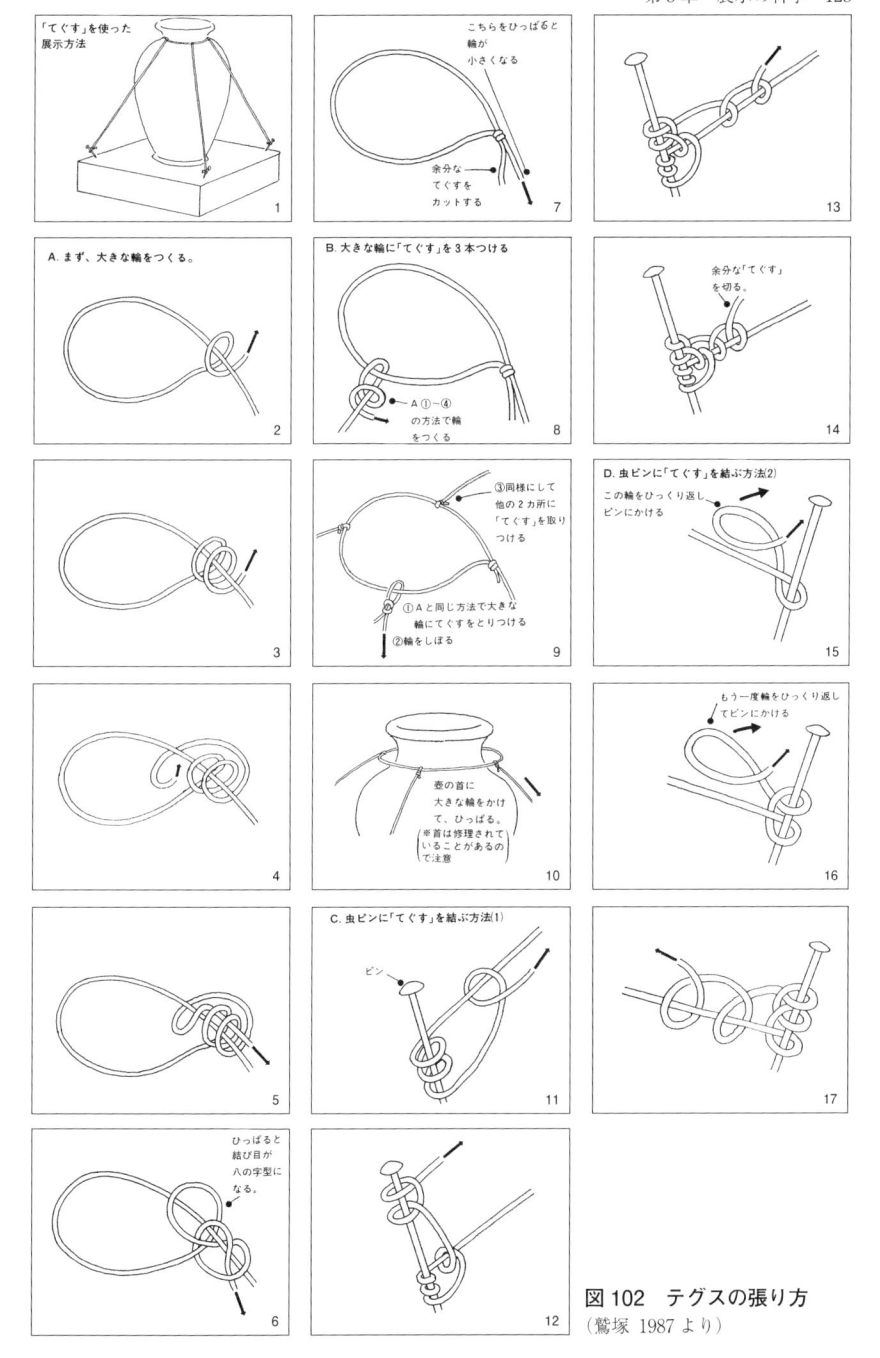

図102 テグスの張り方
（鷲塚 1987より）

明ではない白熱光などが多用される。

（4）刀剣の展示方法と取り扱い

　博物館や美術館における日本刀は武器の一面もあるが、美術工芸品として鑑賞に重きを置いている。保管法、展示方法においては錆びさせないよう気をつけなければならない。手入れの基本は錆びさせないことである。そのために、平常は空気から遮断して酸化を防止するために、刀の表面に油を塗っておく。油を塗って長期間放置すると油も酸化して固着するので、一般的に1年に2回ほど塗り替える。油を付けすぎると鞘に染み出して埃が付き、湿気を呼び錆の原因を作ることになるので、油は薄く万遍なく丁寧に塗る。油を塗り替えるとき、古い油を全部拭き取り、打粉（微細な砥石の粉）を打って拭き取り、新しい油を塗る。

　拭き取る紙は奉書のもみ紙が使われるが、最近はティッシュペーパーを使う人も多い。保管は、白鞘に入れ棟を下に寝かせて桐箱で保管するのが望ましい。展示は油を拭き取り、刀掛けに置いて柄側を左に正絹の上に置く（化繊は静電気が生じ埃を呼びやすい）。柄の方を左に置くのは、相手と対峙して座るとき体の右側に刀を置いて抜き打ちの考えがないことを、示した武士の作法からきている（図103）。太刀は、刃を下向きにして腰に佩用した騎馬戦が中心だった室町時代初期頃まで、馬上から切り下ろすのに都合がよかったもので、展示も刃を下向きにする。刀は室町時代中期以降に騎馬戦から歩兵戦に移行するに従い、活動しやすいように腰に差し、抜き打ちざまに切れるように刃を上

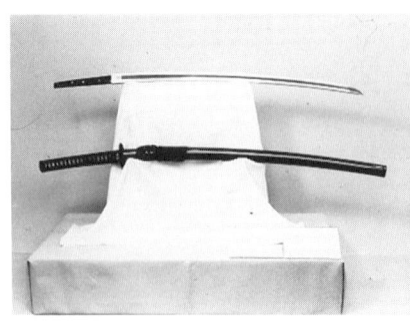

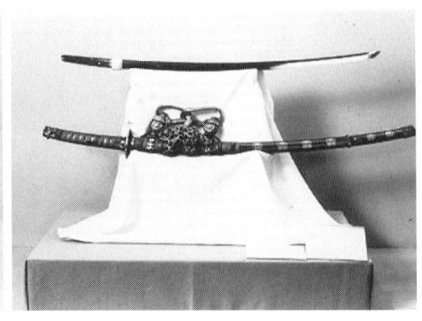

図103　刀の展示　　　　　　　　図104　太刀の展示

にしたもので、刃を上にして展示する。照明は白熱灯を使い、刀身の波紋がクッキリと見えるよう照射角度に配慮する（図104）。展示期間は長くとも1か月ほどにして、これ以上になる場合は手入れが必要である。

（5）掛軸の展示方法と取り扱い

　掛軸の展示は、空間において間のとり方がポイントである。掛軸の画（書）かれた内容、大きさから狭すぎず、広すぎず、周りの空間に占める間隔を読み取り設置する。一般に日本画は、油絵ほど表現が強くないので、1点あたりの展示面積は平均して $15\,m^2$ が必要とされる。しかし、これはあくまで目安であり、展示空間の中に実際に配置して、経験と感性から判断する微妙な調整が必要である。掛軸はおよその位置が決まるまで開かず、巻いたままでケース床に配置し、自在のフックがきちんと掛かっていることを確認の上で、矢筈を掛緒に掛けて10 cmほど開き、風帯の位置を整えて、自在に掛緒をかける。万一にそなえて本紙まで開かないようにする。軸が自在のフックに固定されたことを確認してから、両手で軸端を持って本紙を静かに開く。もしも位置を移動したり、高さを調整したりする際には、必ず本紙まで巻き上げてから行う。塵・埃を払う際は、画面を擦らないように、柔らかい毛ばたきで風をおこして払うように安全に気をつける。

（6）巻子の展示方法と取り扱い

　巻子の中の展示する部分を探す際は、まず水平な台の上で、巻緒を解き軽く結んで、見返しの中に巻き込む。そして、左手で静かに肩幅程度の長さに拡げていき、次の画面に移るときは、いったん右手で左の軸まで巻いて、持ち上げて右に移し、また肩幅まで拡げるようにする。拡げたままでずらすようなことをしてはならない。展示する部分が見つかったら、いったん閉じて展示台まで持って行き、展示台は掛算（ケサン）などで表面をシゴキ、突起物が出ていないことを確認して拡げる。傾斜した展示台の場合は、自重でずり落ちて、小口を傷めるおそれがあるので、傾斜は15度以下にする。さらに、掛算や取り付けパーツを使って固定する。収納時には一度仮巻して水平な台に戻してから正しく巻きなおす。

(7) 面（めん・おもて）の展示方法と取り扱い

面は長い間に表面の彩色の膠の力が弱まっていることが多いので、取り扱いには注意を要する。急激な温・湿度の変化は木地の伸縮を招き、彩色を剥離させる原因となる。特に極度の乾燥などは避けるべきである。手袋などをしていると彩色などの細かい亀裂などに手袋の繊維をひっかけたりするので、素手の方がよい。面を拝見するには、十分に注意し、直接、鼻や顎などに手を触れないようにして、唯一、手で持ってよい場所とされている面紐の穴の部分を持つようにする。壁に掛けて展示する際は、面は少し伏せめにする方が表情が豊かになる。そして、目と口は穴になっているので、面の裏から光が入ると不気味である。この場合は、裏面に黒い紙などをおくとよい（図105）。

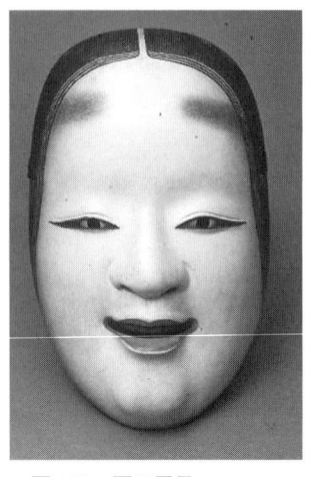

図105　面の展示

コラム23　蘇ったヴァーサ号博物館

　ヴァーサ号博物館（The Vasa Museum）は、17世紀初頭にスウェーデンが建造した軍艦のうち、一番高価で最も華麗に装飾されたヴァーサ号の博物館である。この華麗な木造船は1628年8月10日の処女航海に向けて出航中、ストックホルム港内で横転して沈没してしまった。沈没の理由については、突風によるもの、あるいは大砲がロープで固定されていなかったなど、さまざまな理由が当時論じられたようであるが、今日の調査ではヴァーサ号の船底は、バラストを積むには狭過ぎたと査証されている。ヴァーサ号の引揚げ作業は沈没後、17世紀に数回試みられたようだが失敗に終わり、20世紀まで海中に眠り続けた。発見され引揚げが行われたのは沈没後、333年経った1961年4月28日であり、このユニークな出来事を見守るために、世界中からマスコミ陣が集まったという。バルト海の海水は塩分含有率が低く、船食虫がいないので、木造船が何百年も浸触されず、そのままの型で残るという恵まれた条件にあったので、17世紀の船がほとんど現形のままの姿を現したのである。しかし、引揚げ後の方がかえって損壊の危険性が高い。水に浸っていた木片は、乾燥すればたちまち亀裂が生じ縮み始めるからである。そのために採ら

図 107　復元されたヴァーサ号（図録より）

図 106　ヴァーサ号保存処理中の様子（図録より）

れた保存方法は、水にポリエチレン・グリコール（PEG）というハンドクリームなどに入っている成分を混ぜた液を吹きつける方法が採用された。この PEG は、木の細胞中の水分の代わりに細胞の中に入り込んで、亀裂や収縮を防ぐもので、発掘された木製品の保存科学処理として有効である。日本でも縄文時代の丸木舟などが発見されると、PEG 溶液の中に入れて、水と置換する方法が行われる。彫刻や小さな木片は、PEG 入りの液体に浸して処理された。しかし全長 69 m、高さ 19.3 m の船体を、すっぽりつけ込む方法で処理することは難しく、代わりに 500 本のノズルから PEG 液を 20 分おきに 25 分間吹きつける作業が昼夜休みなく続行し、それは 17 年間の長期にわたって行われたという。40 年前に筆者が見たのが、保存処理作業過程をそのまま公開する展示であった。館内の PEG 溶液による噴霧の中を歩きながら、当時、丸木舟などの保存処理の仕事も手掛けていた筆者は、この処理過程を見せる展示に驚いた（図 106）。その後、保存処理を完了したヴァーサ号は、1990 年 6 月 15 日に新博物館に移され、創建時の華麗な姿を現している。4 層からなる展示空間中央の吹き抜け部分に修理・復元されたヴァーサ号を設置し、ドラマチックに演出され展示している。新生なった博物館を視察して、文化遺産を守る長期的な姿勢と情熱に、ヨーロッパにおける博物館の歴史と文化財に対する強い思いが伝わってきた（図 107）。

コラム 24　レオナルド・ダ・ヴィンチ展

　レオナルド・ダ・ヴィンチ展が 2005 年（平成 17）11 月、六本木ヒルズ森アーツ

センターギャラリーで開催された。メインの展示物となったのは、1年に1度、1カ国だけでしか公開されないという直筆ノート「レスター手稿」を日本で初公開したものである。代表作の「モナリザ」や「最後の晩餐」の画家として知られるレオナルド・ダ・ヴィンチは、芸術家であるとともに、科学・技術者でもあったという。今回展示された「レスター手稿」は、太陽と月と地球の関係、地球の内部構造、水の流れや波紋などに関する考察がデッサンとともに書き込まれたものである。ダ・ヴィンチは常にノートを持ち歩き、目に留めたものを記録し、そのすべては8000ページに上るという。これら手稿にはアトランティコ手稿、トリヴィルツィオ手稿、パリ手稿、マドリッド手稿などがあり、「レスター手稿」は、ダ・ヴィンチ53歳の円熟期に書かれたもので、現在の所有者はマイクロソフトのビル・ゲイツで、唯一の個人によるコレクションである。

貴重な展示資料を公開する上で注意すべき点は、盗難や破損の防止はもちろんのこと、資料を劣化させないようにしていかに見せるかである。保存と公開は二律背反する行為であり、特にこのような展示においては保存科学上の配慮が最も求められる。この企画展では、実物資料を収める展示ケースは温度・湿度を一定に保つための気密度の高いケースが設計された。そしてケースのウィンドウ部分は、耐衝撃性の高いポリカーボネート板が使用され、不測の衝撃に対応できる素材が選ばれている。また、室内を暗くする際に生じる鏡面現象からくるグレア(反射光のまぶしさ)を避けるために、ポリカーボネート板に低反射フィルムを貼り反射光による見づらさを防いでいる。照明計画では、色の見え方の工夫、明るさから生じる劣化への対策、長時間照明による資料の劣化対策が講じられた。そして選ばれた照明ランプは、紫外線や赤外線などが少なく、低照度でもモノの持つ色彩を損なわない白色LEDランプが採用された。

「レスター手稿」への1日あたりの照明条件は、明るさは上限の30 lxの場合で90分間しか見せられないという厳しい条件であった。この条件を基本として一般公開するために実施された計画の概要は、まず、明るさを10 lxに設定して、60秒間の点灯時間の間観覧に供し、60秒間消灯するという繰り返しを行う方法が採用され、全部で18台あるケースを奇数・偶数に分けてコンピュータ制御で半分ずつ点灯して見せるという方法により展示を可能にした。過去3回行われたアメリカのメトロポリタン美術館とフランスのシャンボール城での展示を担当したマイクロソフトの担当者シュローダ氏は、日本の展示レベルの高さに驚いたという。世界をリードする日本の技術は展示の世界でも遺憾なく発揮され、貴重な文化財の展示に対して、日本の展示技術レベルの高さが証明された特別展である。

コラム 25　文化財を守る保存設備「永平寺瑠璃聖宝閣」

　博物館の収蔵庫では、特に湿度変化が劣化を起こす要因であるところから、内壁に桐材や節のない杉材などを使い木質の持つ吸湿・放湿作用をいかしてきた。しかし、桐や無節の杉は、コストや資源保護から難点があり、代替えの素材が求められている。

　2002年（平成14）3月に開館した福井県永平寺の収蔵・展示館「瑠璃聖宝閣」は、道元禅師の伝える国宝など重要文化財を所蔵している。同館は建物自体を免震構造にすると共に資料の保存方法は、元国立文化財研究所の見城敏子氏の指導のもとに、新しい方式が採用されている。吸放湿の天然素材として、珪藻植物の遺骸から成る堆積物に珪藻頁岩がある。この珪藻頁岩を焼成したセラミックタイルによる収蔵庫の内壁は、従来の木質内壁材に比べて5倍以上の調湿効果を発揮する実験結果をもとに実用化されている。この珪藻頁岩を使ったセラミックタイルの特色には、ホルムアルデヒドの吸着や減菌効果にも優れるとともに、新築コンクリート建造物の発生するアルカリガスの主な成分のアンモニア系の消臭にも効果がある。また、アンモニアは油絵のアマニ油成分を黒変化させる原因であり、その点からもこ

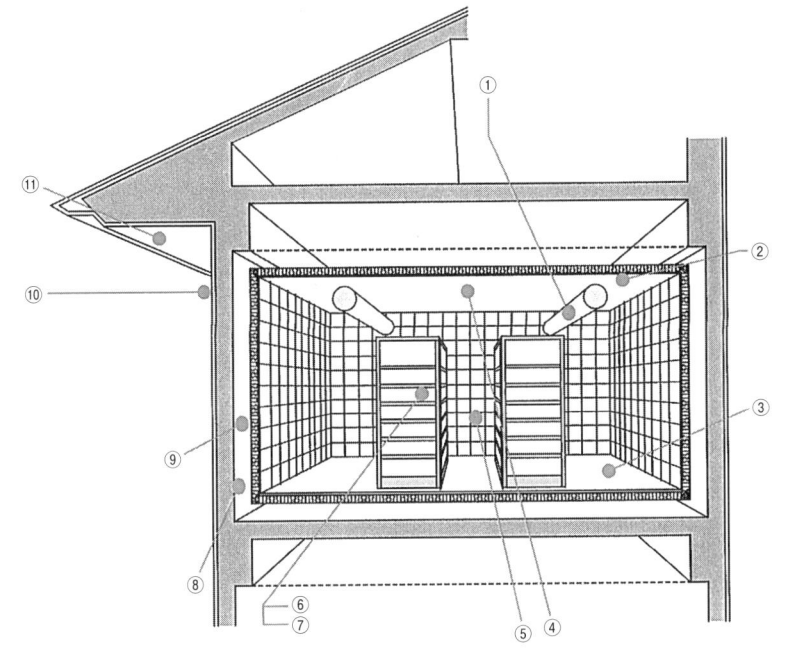

図 108　永平寺方式収蔵庫（凡例は次頁に記載。小林宜文作図）

のセラミクスタイルは油絵のコレクションを持つ収蔵庫にとってふさわしい素材である。また、従来の収蔵庫内の空調方式は、吹き出し口と吸い込み口の強制対流方式で循環させるのが一般的であった。そのため吹き出し部分の温度と隅部では温度差が生じる「温度ムラ」が生じていた。さらに、強制対流方式のために、塵や埃が舞ってしまい、風によって資料の表面乾燥が生じる問題があった。永平寺の収蔵庫で採用された方式は、吹出しを筒状の特殊な布製フィルターにより、点ではなく面から吹く方式を採り、温度ムラのない室内環境を実現し、かつ、落下菌の原因となる埃やカビの胞子をフィルター内で防ぐIPM対策でも一役を担っている。これからの収蔵庫は、ロスの多い機械空調に全面的に頼る従来の方式から、いかに断熱効果の高い魔法瓶状態を造るかが課題であり、環境に優しくエネルギーコストに配慮した設備方式が求められている。この永平寺方式は、外壁と内壁の間の空気層の温度管理、内壁の機密性の高い断熱効果、珪藻セラミクスタイルの調湿方式を組み合わせて、高効率な温湿度管理を実現している。

【図108の番号】
① **ソックチリング空調システム** 筒状の布を用いた吹き出しにより、収蔵庫内の気流を均一にするシステム。従来型の吹き出し口による送風と比較して、収蔵庫全体で均質に制御された気流を実現することが可能となる。障壁画など、露出資料を収蔵する部屋に最適。さらに、ソックチリングフィルタが空調系統から黴や害虫が収蔵庫内に侵入するのを防ぐと同時にクリーニングが容易なため、総合的有害生物防除管理(IPM)の面からも有効である。
② **天井** 博物館用岩綿吸音板。
③ **床** 不透湿断熱パネル＋ブナまたはカバサクラ縁甲板張。
④ **照明器具** 防護ネット、またはガラス付き器具＋美術館・博物館用蛍光管。
⑤ **内壁（特許第3673897号）** 不透湿断熱パネル＋珪藻頁岩焼成セラミクスパネル。珪藻頁岩焼成セラミクスは、調湿性能に優れていると同時に、収蔵庫内の急激な温度変化を抑制する。
⑥ **収蔵方法** 収蔵資料の特性に合わせた「包む」保管方法を採用。日本の伝統的な保存方法を尊重し、文化財にやさしく総合的にエネルギー消費の少ない保存環境を目指す。
⑦ **収蔵什器** 「桐」「スプルス」等のヤニが元々少なく、また、出さないように配慮された練り付け合板を表面材に使用するのが標準的。杉等の無垢材であれば、5年以上乾燥させた材を使用するのが理想的である。
⑧ **外壁** 所定の高性能止水剤を室内側に塗布すると、コンクリートからの汚染物質の発生を抑制するとともに、コンクリート自体の強度、耐久性を高めるため、建築の安全性やライフサイクルコストに効果がある。
⑨ **壁間空調** 屋外気温と収蔵庫内気温を監視しながら、独自の制御思考で空調を行うことにより、収蔵庫内の安定した環境の確保と低ランニングコストを実現する。
⑩ **外断熱工法** 躯体の外側で断熱する工法。躯体の温度変化が少なく室内側躯体表面の結露が起こりにくくなる。ただし、吸湿性が高い断熱材ではヒートブリッジになってしまうおそれがあり、入念な工法の検討が必要。
⑪ **深い庇** 外壁への直射日光や雨水を遮ることにより、収蔵環境に対する熱負荷を穏やかにし、建築本体の劣化も軽減する。最近では、断熱保温効果を期待して外壁を土で覆った収蔵庫も登場している。

第6章

展示の解説と造型

1. 展示の解説

(1) 文字解説の考え方

　博物館においては、展示内容を伝える媒体として文章を利用することが多く、解説パネルは観覧者と展示を結びつける大きな役割を果たしている。博物館における解説パネルを考える時、本などを参考にしがちであるが、本の文章と博物館の解説文章とでは、基本的に大きな違いがある。本は、読み手が読む気を持って読んでおり、いわば能動的であり、かつ椅子に座ったりした状態が多く、集中しやすい状態でもある。ところが、博物館の文字解説の場合、読み手はむしろ受動的状態が多く、また、観覧者の興味・関心によって選択的に読まれるものであり、さらに立って移動しながら読むという集中しづらい状態のなかで、せっかくの情報も伝達効率が低下してしまう。そこで、いかにして見る人を引きつけるかを考え、グラフィカルでビジュアルな演出を施し、伝達効率を上げる工夫も大切になる。また、解説パネルの文章量についても、詳細内容は別途に配布する資料（パンフレット、解説シート）などを用意して伝えるなど使い分けを行うことによって、展示室での文章解説を押さえる必要がある。解説パネルでは、読みやすい書体や文字の大きさ、文字数の制限などの構成に注意し、どのように伝えるかとともに、どのようにすれば読んでもらえるか、について考えることが重要である。

【文字解説で配慮すべき3つのアプローチ】

　　a. 生理的アプローチ：対象年齢、人間の眼球構造、視力、平均的な目の高さ、姿勢などを考慮し、見やすい文字の大きさ、文章の長さ、パネルの高さ、寸法などを決定しなければならない。

b. 心理的アプローチ；観覧者の注意を引くタイトル表示、引きつける文章表現、美しいと感じさせたり、インパクト（迫力）のある展示で印象づけたりする演出など、観覧者の心を引きつけるアプローチが必要である。
　c. 情報に語らせるアプローチ；情報の持つ内容が的確に観覧者に伝わるために誤解を受けないように、何を言いたいのかという情報の整理や伝える情報によって、大きなくくり、小さなくくりなどの情報レベルの設定などが必要である。

（2）解説文

　展示室の解説文の種類は、館種や館の規模によって異なるが、テーマ、項目（大項目、中項目、小項目、細目等）、資料解説・ラベルなどに分類され、館によって呼び方や分類される数の違いはあるが、およそ3～5種類くらいで構成される。解説パネルは、一般的には「タイトル」「サブタイトル」「解説文章」から構成される（図109）。タイトル名の付け方は、まず観覧者の目に入るものであり、観覧者を引きつけるには、タイトルの文字の大きさや字体、色などについて検討し、目を引くような工夫と配慮が求められる。サブタイトルは、

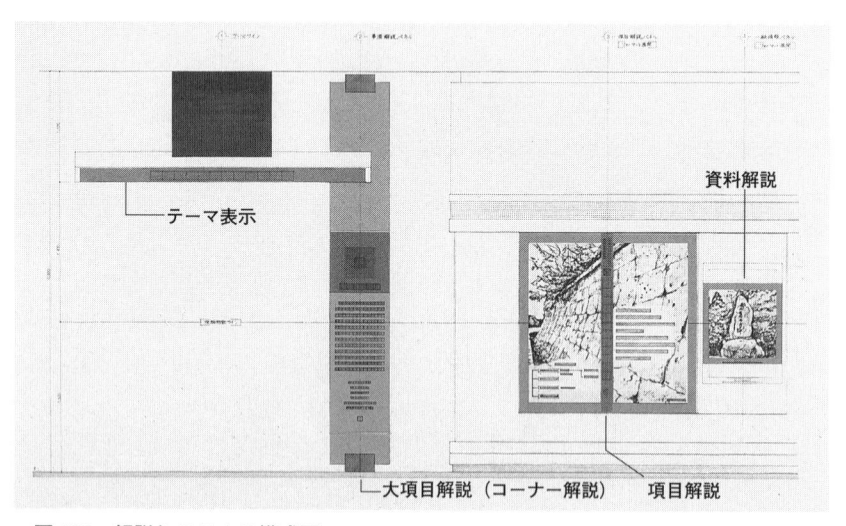

図109　解説システムの模式図（筆者作図）

第 6 章 展示の解説と造型　135

●解説パネルおよびグラフィックパネル事例

図 110　イヨボヤ会館の解説パネル

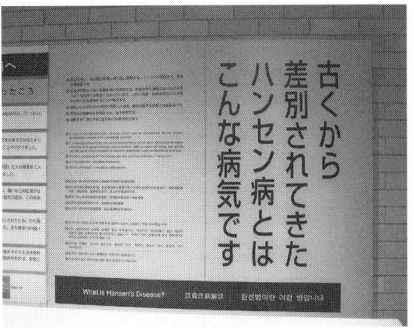

図 111　国立ハンセン病資料館　目を引くキャッチコピー。

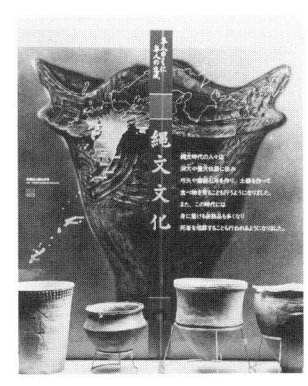

図 112　黎明館の解説パネル　句読点で改行して読みやすくする。

図 113　福井県立歴史博物館解説パネル　モノに集中させるため展示概要を箇条書きで表示している。

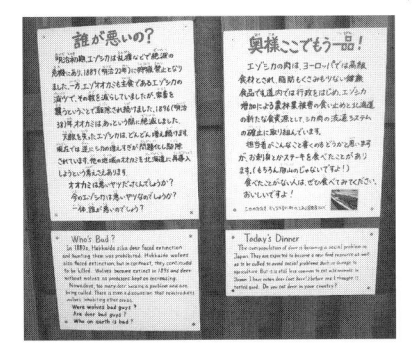

図 114　旭山動物園の解説パネル　ユーモアと味のある手書きの解説が人を引きつける。

図 115　竹中大工道具館のタッチパネル　画面に触れるとそれぞれの解説を聞ける。

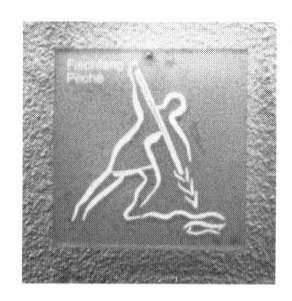

図116　スイス国立博物館の展示ラベル
目立たないが効果的。

●効果的な背景画・イラスト事例

図117　豊橋市自然史博物館の背景画
化石の背景に生きていた頃の様子がリアルに再現されている。

図118　横浜市歴史博物館の背景画
背景に道具の使い方を示す。

図119　若狭三方縄文博物館の背景画
縄文時代の村の様子が描かれている。

図120　兵庫県立考古博物館　展示室入口のユーモラスなイラスト。

●ユニークな解説パネルのアイディア――――――――

図121 神奈川県立生命の星・地球博物館の解説パネル 事典を開いた形にした展示。

図122 黎明館の解説パネル 薩長連合の立役者をリアルに描いた大きなイラスト。

図123 瑞穂ハンザケ自然館の展示 オオサンショウウオの展示。ケースと解説パネルが一体化した構成となっている。

タイトルより具体的で、キャッチコピーとして興味・関心を引きつける新聞の見出しのような機能をもつもので、20文字以内ぐらいで伝えたいポイントを簡潔に表現し、タイトルとサブタイトルで展示のストーリーを理解できるようにする。そして解説文の長さは、立った状態で移動しながら読み進むという条件から、一般に150文字から200字程度の文章で伝えたい内容を表現するのがよい。読みやすさの観点から考慮すべきは一行の字数である。一行の字数は30字以上になると文字を追いかけにくくなり、逆に18字以下では文章が切れ切れになって読みにくくなりがちである。これらのことから、主なる解説文の読みやすい一行の字数は、25字（25字×8行＝200字）を基準にし、それぞれ

の条件に応じて22〜28字の幅で選択するのがよいようである。行間はルビが入るので文字高の75〜90％は空けるようにする。読みやすくする工夫の一つに、句読点で改行して効果を出している事例があり、推奨できる一つの方法だと考える。文章は難しい表現は避け、わかりやすく伝えることが重要である。一般的には小学校4〜5年生を対象学年とすることが多い。文章内容も対象学年が理解できる程度にし、難しい熟語も平たい表現にしてわかりやすくする。

コラム26　国立科学博物館「地球館」

　国立科学博物館「地球館」は、2004年（平成16）11月に開館した。展示解説に新しい工夫が試みられている。まず展示解説や案内などの文字には、すべてルビがふられて読めない漢字がなくなり、低学年生や日本語が少し読める外国人などの利用も可能になっている（図124）。そして、日本語の他、英語、中国語、韓国語をサイン、展示情報端末、映像、PDA（携帯情報端末）に導入して国際化への対応を進めている。

　希望者に無料で配布してくれるIC（集積回路）カードは、展示ごとに設置されているガイドコンピュータのセンサーにカードをかざすと、解説の画像が動き出す仕組みになっている。このカードにはID（身分証明）カードがついており、見学した展示の履歴が記録される。帰宅後に国立科学博物館のウェブサイトにアクセスして、IDカードのカード番号を入力すると情報を引き出すことができ、学校や家庭などにおいて予習・復習を含めた学習の情報源として活用できる。また、PDA展示解説ガイドを有料で貸し出している。各コーナーの研究者がアナウンサーの質問に答える形で進行し、普段、直接話を聞く機会が少ない、専門家の解説の奥深い内容に思わず引き込まれてしまう。

　また、研究者と直接コミュニケーションがとれる活動も行われている。地下1階を除く各フロアには、休憩や情報提供、学習支援活動など多目的に利用できる「ディスカバリーポケット」というスペースが設けられており、ここでは、土、日、祝日に研究者が交代で、展示や研究内容などにつ

図124　国立科学博物館地球館のパネル　総ルビで読みやすくしている。

第 6 章　展示の解説と造型　139

いての解説や質疑応答を行う「ディスカバリートーク」というプログラムも用意している。この他、自主的・選択的に観覧コースが選べる 10 のコースも用意されている。

コラム 27　豊橋市自然史博物館

　豊橋市自然史博物館は、2004 年（平成 16）4 月、古生代展示室のリニューアルが完成して増築・改装オープンした。これまでの展示室の面積を 2 倍にし、標本点数を 8 倍に増やし大人の目線だけでなく動物園、植物園との併設館であるところから、小さな子どもの目線で見学できるほかパソコンを使ったクイズとゲーム、触りながら興味を抱かせるハンズ・オン展示など、見るだけでなく積極的に参加する展示に生まれ変わった。同博物館は 1988 年（昭和 63）5 月に開館したが、近年の来館者数減少や展示資料の増加と展示の刷新を目的として、市の第 4 次基本計画に各展示室の改装が盛り込まれ、第一弾として古生代展示室の改装が行われ、その後、中生代展示室も改装され、順次、改装する計画である。

　新展示室は展示標本数 485 点、地球誕生の 46 億年前から古生代後期の 2 億 5000 年前までを紹介している。大人と子どもの目線の高さの違いに配慮し「2 段展示」で構成されている。幼児の目線には、60 cm のステージ上でのクイズやハンズ・オン展示、そのまま視線を壁に向けると化石動植物の生きていた様が、子ども絵巻として展開されている。大人は目線を 150 cm として、大人が必要とする情報を得ることができる（図 125）。

　解説は、単に結論を与えるだけという解説ではなく、疑問を投げかけて考えさせる方法が採られている。また、低年齢層には文章による解説ではなく、解説を 4 コマ漫画にしてゾーンの概要がわかるようにしている。また、演出の方向性は、展示へ積極的に参加できる仕掛けとして、問題点や解決方法を考えさせるためにロールプレイングゲームでステージが変わっていくように、パソコンゲーム、クイズ形式によって展示を読み解く演出が行われている。展示室全体は明るい空間のなかで、資料そのものの持つ美しさを再発見できるように、視覚と資料の距離の配慮、そして絵画を見るような美しいレイアウ

図 125　豊橋市自然史博物館の 2 段展示

トは、じっくり観覧したい思いにさせる。一回だけでなく何回も訪れて新しい発見ができる奥行きを持った展示方法といえる。

(3) 展示映像・音響による解説
①映　像

　博物館の展示映像は、実物資料と同じように、映像そのものに資料的な意味を持つもの（一次映像資料）と、展示メッセージを効果的に伝えることを目的に制作される映像（二次映像資料）に大別される。一次映像資料には、芸術としての映像作品、さまざまな自然現象、動植物の生態、事故や事件および災害記録などの映像資料、社会から消えてしまう恐れのある祭りや民俗的な行事・習俗などがあげられるほか、肉眼ではとらえることのできない現象を視覚化する分野、たとえば、衛星搭載カメラのセンサーによる地球資源の調査や顕微鏡による微生物の生態観察、高速度撮影による運動の解析など、見えないものを可視化して実物の代わりに扱う映像等がある。二次映像資料は、報道、広報、教育、娯楽、コミュニケーションなど、社会的メディアから芸術作品にいたる分野まで、人から人へ向けられる情報伝達を目的とした分野として、多くの実績を持つ映像を活用するものである。

　博物館の展示室では、ガイダンス映像や解説映像として楽しくわかりやすい映像解説、ICT（情報通信技術）を活用した映像、演出技術を駆使してエンターテイメント性の高い表現などにより、印象深く見せるための方法が採用されている。展示室のコーナーでの映像観覧時間は、立った状態で集中して見てもらう条件として3分以内が望ましく、長くても5分以内にまとめ、かつ、最後まで見てもらう工夫の一つは、所要時間の表示を行うことである。

　映像技術の持っている特性は、「忠実な描写力」という虚飾を除いた厳密な科学的な側面と、「時間と空間を自在に操る」という創造的な表現手法がとれるという点である。この2つの特性を配合することによって、効果的な展示手法を作り出すことができる。以下に展示映像の利点と不利な点をあげる。

　まず、効果や利点については、以下の点をあげることができる。

　a．動きのあるものを伝える場合の効果は大きい。
　b．製作プロセスや物事の変化など時系列に沿って起きる現象がわかりやす

く伝えられる。
　c. 観覧者とのインタラクティブなコミュニケーション手段を容易にとることができる。
　d. 文字や言葉より、イラスト、CG、映像などグラフィカルな表現が観覧者にダイレクトに伝わり理解しやすい。
　e. 空間に制約がなく、多くの情報量を管理でき、欲しい情報を選び出させる。
一方、不利な面については、以下のとおりである。
　a. 展示室で自由に見る観覧者の時間を拘束する。
　b. じっくりと実物に集中してもらう意図において、映像を避けようとする傾向がある。
　c. 映像は迫真性や説得力が強く人びとに影響を与えやすく、人びとを誘導しやすいメディアであることを認識しておく必要がある。

②展示映像制作の流れ

　映像制作をすすめる上では、業務を発注する側が映像展示を行う目的および意図を明確にし、それにふさわしい制作者を選定することが重要である。そして、制作にかける予算や納期のほか、制作上の条件を発注者・制作者の両者で確認することが大事である。さらに、既存の資料を映像内で使用する可能性がある場合は、その版権の確認、また、それに伴う費用・条件・権利関係（著作権、肖像権）などについて、必要な手続きを行わなければならない（表2）。

③博物館における映像手法

　利用者から見る代表的な映像手法を大別し、その使用事例を以下に示す。

　③-1　資料型映像

　アメリカ自然史博物館　1998年5月に改装オープンした生物多様性ホール。壁面全体に1500点の標本を展示し、生物の多様性をアピールしており、標本資料の中に映像を組み込み生物の動きや生態について紹介するもので、実物資料と同じ学術的な価値をもつ。検索型の映像は壁面に展示された標本の中から1種類をコンピュータの画面上で選択すると、専門家による具体的な説明がなされる（図126）。腕の筋肉の動きを、バッターのスイングに例をとって、CG映像として画像に埋め込み示すもので、動きという時間空間の出来事を科学的事象として映像で紹介している（図127）。

表2　展示映像制作の工程

発注者側の作業	全体工程	制作者側の作業	展示映像制作におけるポイント
〈企画設計〉 ・目的、意図の明確化 ・予算、納期、諸条件の提示 ・参考資料の提供 ・監修者への依頼 ・シノプシスの協力依頼	1. シノプシスの制作	・目的、意図の把握 ・予算、納期、諸条件の把握 ・スタッフの選定 ・シノプシスの修正	発注者と制作者の考えが合わないと、手戻りの頻発など予算や出来上がりに不満が残る。
・監修者のチェック ・シノプシスの決定、承認*	2. シノプシスの検討・決定	・シノプシスの承認依頼	監修者の選定は重要である。依頼内容を明確にしておかないと制作途中で監修者の考えが変わって手戻りが多くなり振り回されることにかねない。
・関係機関への連絡 （電話、公文書などの発行） ・ロケハン立会（必要に応じて） ・写真などの資料収集	3. ロケハン・資料収集	・ロケハン（撮影下見）の実施 ・写真資料などの収集協力	充分なロケーションハンティングが必要であり、それにより詳細スケジュールの立案ができて効果的な撮影ができる。屋外での撮影の場合、天候や気温の条件を勘案して撮影計画を立てる。版權は具体的な条件に基づいた使用料の算出を行う。
・予算の確定	4. 予算の決定	・予算計画作成 ・制作スケジュール作成	全般を含めた制作スケジュールが必要。（スケジュールは遅れることが多い）
〈制作〉 ・制作会社の選定	5. シナリオ制作	・シナリオの制作	
・監修者のチェック ・シナリオ検討、承認	6. シナリオ検討・決定	・シナリオ承認依頼	シナリオは充分な吟味を行う。シナリオが決定すると戻すことはできない。発注者と制作者がイメージを共有することが重要
・関係機関への協力依頼 ・撮影立会（必要に応じて）	7. 撮影	・撮影実施 ・アニメ、CGの制作（必要に応じて）	CGは時間と予算がかかるので充分な手戻りを控えるため、数回のチェックを計画の中に入れる。
・ナレーション原稿の制作	8. 粗編集（ラッシュ）	・ナレーション原稿の修正	
・監修者のチェック ・ラッシュ検討、承認 ・ナレーション原稿の決定	9. 試写	・ラッシュの修正・承認依頼	ラッシュの試写は映像の善し悪し、繋がりを中心にチェックする。
	10. 本編集	・編集仕上げ （タイトル/テロップ入れなど）	
・音入れスタジオ立会	11. 音入れ	・音声（効果音、BGMなど）制作	ナレーションの音入れは監修者や専門家に立会いを求め、専門用語や地方の独特な呼び方、発音などをチェックしてもらう。
・最終チェック	12. 最終試写	・最終チェックと仕上げ	
	13. 作品化	・納品メディア制作、ランニングテストなど	
・最終検査	14. 納品		

*シノプシスとは、あらすじのこと

（塩田達郎作図）

第6章 展示の解説と造型　143

図126　アメリカ自然史博物館の検索型の映像

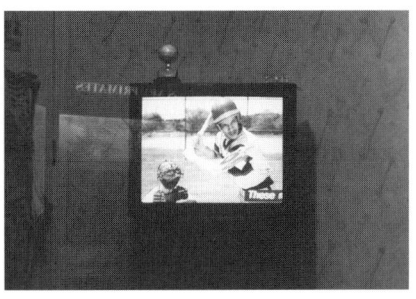

図127　アメリカ自然史博物館のCG映像

図128　福岡市博物館の映像

図129　鹿児島市立ふるさと考古歴史館の映像

③-2　解説型映像

　滋賀県立琵琶湖博物館　環境をメインテーマの一つに取り上げた博物館。歴史展示室の導入部では、世界の考古学者から環境に関するメッセージ映像を流している。考古学者は人類の誕生から現在まで人と環境を見つめてきており、環境の変化について具体的に語りかけ、警鐘を鳴らす言葉に重みを感じさせる映像解説になっている。

　福岡市博物館　縄文時代から近代までの地層を剝ぎ取ってきて、その前に地

層に合わせた5台の映像モニターを用意し、それぞれの時代をキャラクターが上に行ったり下に行ったりして各時代の解説を行う映像装置（図128）。地層にはLEDのランプを埋め込み映像とシンクロさせている。

③-3　選択・検索型映像

鹿児島市立ふるさと考古歴史館　遺跡から発掘される土器片や石器は完成品として出土することは珍しく、それだけではどのように使われたかが理解できない。そのため、この博物館では、使い方を端的に示す模型、出土した実物、映像の3点セットにしてわかりやすく展示を構成している（図129）。見てもらうためには見たいという気持ちを起こさせ、そして行動に移させる動機づけが大事である。方法の違う見せ方を組み合わせることで、理解を深め楽しく見せることができる。

③-4　マルチ映像

大阪城天守閣　「大坂夏の陣図屏風」に描かれた世界をマルチ映像で展示。屏風の全体像と各場面を複数の画面で構成されたマルチハイビジョンによって鮮明にズームアップして見せる絵解きの手法は、大変わかりやすい。

③-5　特殊ミラー型映像

北海道立北方民族博物館　厳しい北の自然のなかで生きてきた人びとの技術や考え方を、模型上に画像が浮かぶマジックビジョンを使って楽しく生き生きと紹介。氷と雪につつまれた白銀の世界を模型で作り、ハーフミラーを通して現れる映像の人物がいろいろな場所に移動しながら説明する。

③-6　3D型映像

サイエンス・ノース（カナダ）　高さ20ｍを超える大型映像空間ではオンタリオ州の自然を立体映像で紹介。水の流れ、風や鳥の音だけで構成される解説のないBGMだけの映像となっている。

③-7　体感型映像

福井県立恐竜博物館　対面する200インチの大型スクリーンを用意して、コンピュータグラフィックスと立体音響により、1億数千年前の大地で繰り広げられる恐竜たちの闘いの様子を映し出している。重量感のある足音と共に、恐竜が観客の頭上を飛び越えて2つの画面を移動する演出は迫力がある（図130）。

ビオスフェール（カナダ）　「水の喜び」というコーナーでは、湯浴みや水浴の

図130 福井県立恐竜博物館の映像 　　図131 ビオスフェールの映像

心地よい様を描いた絵画を鑑賞させるのに、実際に水に足を浸して映像を見せる方法を採用している（図131）。

③-8　同化型映像（バーチャルリアリティ）

東京大学総合研究博物館　焼けてしまった法隆寺の壁画をバーチャルリアリティとして再現。仮想空間に入り込み、歩いていく方向に壁画が現れ、近寄って観察できたりする。

③-9　環境演出型映像

江東区深川江戸資料館　江戸時代の深川を再現した資料館。にわとりが時を告げ、町

図132　鹿児島市ふるさと考古歴史館の映像装置

の木戸が開き、朝売りの声が響く。夜明けとともに始まる江戸深川の1日を時の流れに合わせて情景が変えて紹介する。暮れ六つの鐘が鳴ると夕暮れ。1日の様子を20分に集約して、音と光がかもし出す江戸庶民の世界を環境演出で再現する。

③-10　アミューズメント性の高い映像

鹿児島市ふるさと考古歴史館　自分の顔をスクリーンに映し出し、それに縄文人の顔をダブらせて変身させ、縄文人のご先祖様とご対面するという遊びの要素を取り入れた映像装置（図132）。「タイムスリップ縄文人」というコーナー

の配慮が必要になる。さらに語りのスピードにも注意し、聞きやすいスピードにしなければならない。そのためにアナウンサーや落語家、講談師など、語りのプロにナレーションを吹き込んでもらって魅力ある話術で引きつけようとすることも多い。

　2つめは、演出音として心理的作用に働きかけて環境をイメージさせ効果を発揮させる役割である。前述したようにカナダのサイエンス・ノースという科学館の映像ホールでは、カナダの自然を紹介する映像において、効果音だけで雄大な自然の様子を伝えていたのが印象深く残っている。

　音は有効な音響効果と合わせて、視覚情報と違い、境界を越えて混じり合い聞こえてくるという性格などを十分に踏まえた上で計画しなければならない。

コラム30　北海道立北方民族博物館

　網走市には1991年（平成3）2月に開館した北海道立北方民族博物館がある。ここでは北方地域の諸民族を対象に、東はグリーンランドのイヌイット、西はスカンジナビアのサミまでの範囲を取り上げ、極北、亜極北の厳しい自然環境のなかで受け継がれた北の文化を紹介している。北に住む人びとの生活文化を偏見なく伝えることにより、それぞれの異文化を認識し、より深い相互理解のための博物館活動がなされている。

　展示は、北方民族の衣服、漁、猟具、生活用品など約900点を「北のファンタジー」「北のクロスロード」「オホーツク文化・海の狩人」「環境と調和した北のくらし」「北の自然の中で」という5つのテーマのなかで展開している。

　展示の特色の1つとしてあげられるのは、音のデザインを試みたことである。常設展示室の導入部において約15mの緩やかなカーブをもつ動線上で音の演出が行われている。「北のファンタジー」というテーマからイメージされる流氷、氷結、オーロラなどの自然情景をモチーフとした演出音によって、大自然の厳しさやそこに住む人びとの温もりを音で表現している。音は3つの組み合わせから変化がつけられている。ダイヤモンドダスト

図134　北方民族博物館の導入部

をイメージしたキラキラした音、自然の厳しさや力強さを表現した低温の響き、人間の温もりを表すコーラスの音、これら3つの音源から微妙なズレをつくり、同じ音にならない組み合わせにして流している（図134）。
　博物館展示の導入部は、日常空間から非日常空間への転換を演出することが重要な要素である。音の効果が展示空間への期待感を高めている。

2. 造型展示物（模型・パノラマ・ジオラマ・人物模型）

（1）模　型

　博物館における模型は、立体的な情報を伝達する手段として採用される展示方法である。実物資料の入手が困難であったり、あるいは形状が大きすぎたり、小さすぎたりする場合に的確に情報を伝える手段として製作される。模型化する範囲は、地形、地質、集落、建築、交通機械、産業機械、動物、魚類、植生、植物、人体など多種多様であり、模型化の表現方法も人文系、自然系、理工系など分野によってさまざまである。

　模型の種類は、元資料の形状を模したものとしては、地形模型、建築模型、古生物模型、昆虫など小動物の拡大模型、機械模型、原寸の部分模型などがあり、元資料の形状から離れていても意味が伝わることを表現したものとして模式模型、システム模型、原理模型などがある。また、これらの模型に光の演出を加えて時間の変化を表現したり、メカニズムを組み込んで動きを伝えたりする複合模型がある。

【さまざまな模型表現事例】

　文京ふるさと歴史館　図135は「駒込のやっちゃば（駒込土物店）」模型で、時期は江戸時代末期のある秋の朝の様子である。江戸三大市場の一つである「駒込やっちゃば」は青物市場として賑わっていた。その様子が生き生きと再現されている。町外れの天栄寺の門前の辻を中心として青物市場が建ち並び、大根やにんじん、ごぼうや芋など土つきの野菜が並んだことから「駒込土物店」と呼ばれた。現在も残る辻に立つ大きな木の下で、交わされる売り買いの人びとの所作や当時の衣装など細部に至るまで考証されている。セリを行っている人や野菜を運搬している人、辻でくつろぐ庶民、当時の人びとの様子が生

図135　駒込のやっちゃば模型

き生きと蘇り、人びとの声や動きのイメージが膨らみ、いつしか展示の世界に入り込んでしまいそうである。模型のベースになった当時の町割を示す絵図をはじめ、青物の記録、絵図に残る井戸の記述、店の奥にあった居住空間の記録など多くの事実をもとに古記録が丹念に調べられ、当時の情景が想定されている。模型を細かく観察していると大八車をひいた跡が轍となって道に刻まれていることに気付く。また、店の中にある小道具もしっかり作られている。このように細かな配慮による情報量の多さが再現模型の魅力といえる。模型の中にはいくつものシーンが描かれており、見るほどにさまざまなイメージを広げる多くの発見がある造形が、展示を楽しむ魅力でもある。

　大阪歴史博物館　「船場の町並み」模型は、江戸時代の安政年間（1854〜60）の春の情景を表している。大店両替商の千草屋、町人の学問所懐徳堂、そして裏長屋などが再現され、多くの人の往来が再現されている。約60棟の復元家屋、約200体もの人形、小道具の数々、建物の風雨による傷みや瓦の様子は、経年によるエイジング（古色仕上げ）までしっかり考証されている。廻り髪結いは「雲煙過眼帖」、鼠捕り売りは「近世風俗志」、釣り人は「浪花百景」の記録をもとに人形の制作を行ったと製作過程が記述されている。懐徳堂の門前で眠る犬までも懐徳堂最後の教授である並河寒泉の日記に現れる実在の犬を再現したというこだわりようである。絵図に描かれている妊婦や女の子、壁を修理

第6章　展示の解説と造型　151

● さまざまな模型事例 1

図136　群馬県立歴史博物館　群馬県の概要を伝える大型地図模型。

図137　兵庫県立歴史博物館　姫路城の構造を解説する断面模型。

図138　群馬県立歴史博物館　上三原田歌舞伎舞台の断面模型。人力で舞台を回した下部の構造がわかる。

図139　アメリカ自然史博物館　昆虫など小動物を拡大して生態を伝える拡大模型。

図140　鹿児島県石橋記念館　石を加工して石橋をつくる様子を実物大で再現している。

図141　秋田県立博物館　石器と使っている様子を示す模型。

●さまざまな模型事例 2

図 142 福島県立博物館 阿津賀志山の戦いの攻防を立体的に模型化して表現。

図 143 名古屋海洋博物館 伊勢湾台風における災害の様子を模型で表現。

図 144 釧路市立博物館 釧路湿原の一部を切り採ってカプセル内に封じ込めたように見える模型。

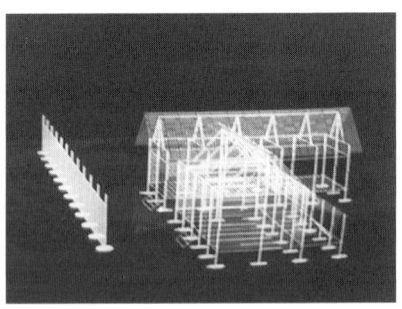

図 145 斎宮歴史博物館 模型上にコンピュータグラフィックスによって建物を再現。

図 146 北九州市立自然史・歴史博物館 縄文時代の四季の食べものを、縄文カレンダーとして模式模型で再現。

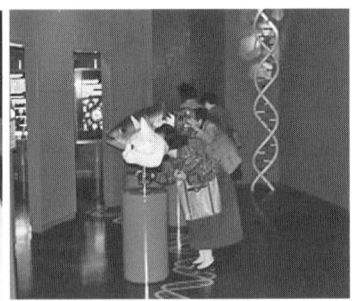

図 147 ミュージアムパーク茨城県自然博物館 魚や昆虫、猫の目での見え方を装置模型で再現。

●さまざまな模型事例3

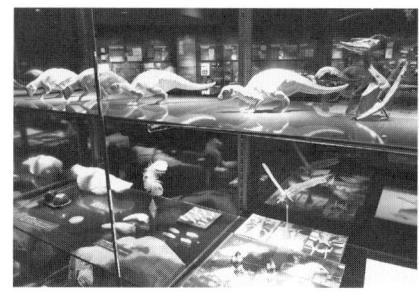

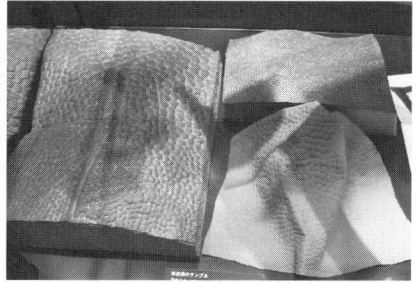

図148　北九州市立自然史・歴史博物館（左：復元模型　右：皮膚の検討模型）さまざまな資料をもとに恐竜復原に至るまで、小型模型で検討する過程を展示している。

する左官、アイヌの人びとが着ていた「アツシ」と呼ばれる服を羽織った北前船の船頭が道を歩いていたりと深く観察を行うといろいろな発見がある。映像による解説に伴って模型上にライトが当たり、見どころの観察ポイントが誘導される。同館では「あなただけに教えます―船場の町並みを10倍楽しむ方法」などと題して観察ポイントを知らせる講座も開催している。

(2) パノラマ

　パノラマ (panorama) とは、18世紀末のスコットランドの画家によって作られた造語と言われ、背景画を巨大な円筒形の建物の内側に描き、観覧者は中央の観覧台から360度の大景観を眺望するという形態を取るものである。パノラマはジオラマと同じように観覧者の見る視点に透視画法を基本にしているが、円筒状にワイドな画面構成を取る絵画技法であること、高い位置に立って鳥瞰図風に周辺の広大な景観を俯瞰させ、背景画は視点の高さと画面の水平線を一致させるというところに特徴がある。パノラマは18世紀末イギリスで発祥し、パノラマの題材は、戦場における戦闘場面や名所の風景が選ばれることが多かった。そして19世紀以降に世界に広まる。日本では1890年（明治23）に開催された第3回内国勧業博覧会にあわせて上野と浅草にパノラマ館が開業したのが初めてとされる。博物館の展示では、パノラマ手法に準じる表現は多いが、完全なパノラマは見かけられない。半球状の内側に背景を描いたウォー

図149 釧路市立博物館 パノラマ手法に準じた展示（左：冬　右：夏）

クスルージオラマがパノラマに近いといえる。
　たとえば釧路市立博物館では展示室の右側に夏のタンチョウツル、左に冬のタンショウツルの生態を展示している（図149）。

（3）ジオラマ

　ジオラマ（diorama）の発想の基礎は、興行師によって19世紀初頭に見世物として開発され、各地にジオラマ館が造られた。日本では1889年（明治22）、浅草にジオラマ館が初めて誕生している。これは現在の博物館におけるジオラマ展示に共通するもので、形態的にはボックスの中に設えられたジオラマを覗くタイプであり、傾斜を持たせた床に模型で近景をつくり、遠近法を採用して中景を徐々に小さくしてゆき、背景の絵につなぎ目を感じさせないようにしたもので、この手法がジオラマの特徴といえる。ジオラマの手前部分は実物大の表現が普通であるが、設置場所が狭小な場合は、縮小ジオラマを作成することもある。
　厳密にジオラマ展示が出現したのは、1924年ウェンブリー博覧会（イギリス）において、第一次世界大戦の場面を前景物と曲面背景画とを巧みにつなぐ表現を用いたジオラマが最初だとされる。その手法から「ヂオラマ式陳列」と呼ばれて、それまで博物館で行われていた原地生態群展示（habitat group）や時代部屋（period room）などに応用されることとなった。その後アメリカ自然史博物館やデンバー自然史博物館などで、動物の棲息環境を忠実に再現する本格的な生態展示が登場し、世界各国に普及していった。

本来のジオラマは、一方向の窓や開口部から見せるボックス型であるが、現在では箱に収めないオープンタイプのものや、ジオラマ空間の中を観覧者が歩いて観察するウォークスルータイプも誕生している。ジオラマ展示は臨場感あふれる立体的展示装置であるが、制作にあたっては詳細な調査、考証が重要である。また、登場させる動物の動き、登場させる人物の細かな仕種や周辺環境等々のディテールに気を配ることが大事である。こだわればこだわるほどリアリティを持って見る者に伝わるので、シナリオ段階での詳細にわたる気付きを文章化しておくことが重要である。自然系、人文系の分野の違いにかかわらず、主題を具現化するにあたっては、設定された状況の自然環境、動植物の生態、季節や時間帯、歴史事象および民俗、風俗、具体的な動作の表現など綿密な調査・研究が必要となり、総合的な研究成果の表現がジオラマである。歴史展示は復元に際して学術的な裏付けが確実なものに限り、誤解が生じないように注意しなければならない。

　ジオラマのリアリティのある造型表現に対して、立体の絵にすぎないという批判もあるが、ジオラマから受ける感動は、精巧な模型や工芸品に心を奪われる感情にも似ており、あるいは自然界の美しい現象や動物の感動的な表情などを、原寸の大きさで切り取ってきたように再現する技術に多くの人は感嘆する。近年のジオラマには、映像、音響、照明、CGなどさまざまなメディアを加えてアミューズメント性の高い表現がなされるようになった。たとえば、背景に映像やCG映像を投影したり、制作過程や植物標本の作り方などが展示され、ジオラマ展示の舞台裏がうかがえたり、照明を変化させ朝から夜までの時間的変化を見せたりすることも多い。また、ハーフミラーと映像を使いキャラクターや登場人物がストーリーを語る表現なども行われている。観覧者に積極的に参加してもらう手法として、映像ホールにジオラマを組み込み、観客とのインタラクティブなプログラムを用意して参加を楽しませる工夫、望遠鏡や双眼鏡などでジオラマ内を観察させる装置、クイズ形式にしての参加性を高めたり、コンピュータとの連動を行うなど、さまざまな試みがなされている。今後も新しく誕生するメディア技術を取り込んでさまざまな表現が加えられていくものと考えられる。

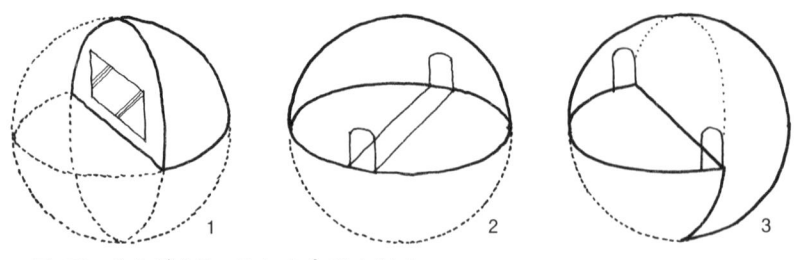

図150　主なジオラマのタイプ（筆者作図）

①**主なジオラマ空間のタイプ**

タイプ1　最も多くのジオラマにおいて採用される典型的なタイプであり、4分の1球の空間に再現されるものである（図150-1）。

タイプ2　お椀を被せたような半球状（2分の1球）の空間にジオラマが再現され、観覧者は包まれたドームのなかで実際に近い雰囲気を味わうことができる（図150-2）。

タイプ3　半球状にプラスして足下の地下部分を掘り下げた4分の3球を加えたタイプで、眼下に見下ろす空間構成をも取り入れた場合に採用される（図150-3）。

②**人文系ジオラマ**

　歴史博物館の展示では、ある時代をリアルに再現したジオラマによる展示方法がある。たとえば、江戸時代の定期市の賑わいを伝えるのに、季節は春、時刻は朝の7時頃、売買される品物と並べ方、行き交う人物の風俗衣裳、家並みの資料など細かく設定して当時の定期市の有様を伝え、生活の様子を総合的に表現してわかりやすく、しかも物語的に理解させることができるものである。

　東京の不忍池の近くにある台東区立下町風俗資料館は、ジオラマ展示の手法で下町庶民の心のよりどころである「下町らしさ」「下町の情景」を浮かびあがらせている。そこでは、建物や調度品などを復元し、あたかもその時代にタイムスリップしたかのような雰囲気を全体としてまとめ、観客を包み込むように構成している。

　これらの再現において基礎となるのは、正確な「情景シナリオ」である。家の再現であれば、時代、季節、時間、家の中の家具・調度品などの配置、家族

第6章 展示の解説と造型　157

●人文系ジオラマ事例

図151　オーストラリア戦争記念館のジオラマ

図152　秋田県立博物館のジオラマ　縄文時代の洞窟の暮らしを表している。観覧者は洞窟の中にいる親子と同じ目線で、狩りから戻る父親を迎える。臨場感のある優れたジオラマである。

図153　秋田県立博物館のジオラマ　江戸時代の朝市を表している。季節・時間帯・風俗・建物・並べられた商品などさまざまな考証が不可欠である。

図154　名古屋市博物館のジオラマ　明治時代の尋常小学校の授業風景。

図155　北九州市立自然史・歴史博物館のジオラマ（左：弥生時代　右：昭和初期）
家族の暮らしが再現され、時代は変化しても家族の営みは変わらず続いている様子が伝わってくる。

構成における一人ひとりの趣味や嗜好に至るまで詳細に想定される。今しがたまで行っていたやりかけの仕事の様子がうかがえる描写や、差し込む日ざしまで図面化し再現する。人文系・自然系のいずれのミュージアムでも、象徴的で臨場感のある表現を行うには、正確なデータが必要である。特に人文系の時代再現においては学際的研究が不可欠である。展示の体感化は、研究成果による選択・想定に基づく〈もの〉と〈空間〉の結合である。観客は自分の知識と体験とを結びつけて、限りない情報を得ることができる。しかし一方では感性に訴える展示は効果も高いが、冷静な判断力を失わせてしまうという落とし穴があり両刃の剣でもある。いかにリアリティをもつ展示であっても現実ではなく、十分に研究されたものであっても学問的仮定には違いない。観客の誤解を招かないようにすることも忘れてはならない。

③自然系ジオラマ

　デンバー自然史博物館は、自然史系のジオラマを先駆的に開発しており高い評価を得ている。ここのジオラマの一つに、ヒョウがインパラを追いかけ、今まさに跳びかかろうとしているシーンを再現しているが、疾走するヒョウが舞いあげる砂埃まで立体的に表現しておりスピード感が伝わってくる（図156）。

　ジオラマの中に配置される動物の剥製の製作は、日本で作る場合、皮の中に詰めものをして形を整える方法がとられてきた。アメリカには剥製作成の方法として、開発者の名称をとったエークレー法というものがある。これは動物解剖学に則って、動物の動きに合わせた骨格・筋肉を忠実に再現して原型を作

図156 デンバー自然史博物館のジオラマ

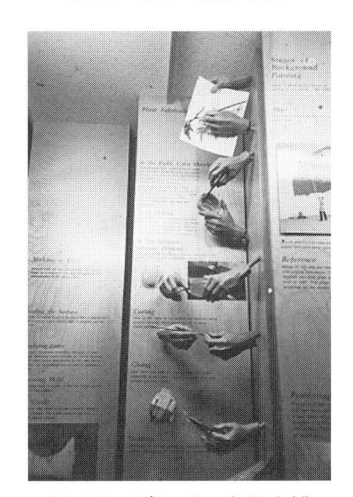

図157 デンバー自然史博物館の展示　ジオラマの制作過程を展示している。

図158 スミソニアン自然史博物館「生きている海」展示

る。そして、型取りして樹脂成形したものに皮を被せるというやり方である。特に動物の襲いかかるポーズなど瞬間的な動きを表すには、このエークレー法でなければリアリティが出せない。植物はシリコン樹脂で葉っぱ一枚一枚、花びら一つひとつを型取りして、一本の植物として組み立てられるので、あたかも生きているかのように見える。「いつ、水をやるのですか」と聞かれるほどリアルである。

　また、ここの博物館では、ジオラマ展示の並んでいる一角に、ジオラマの造られる過程を、ミニチュア模型などで展示してある。映画など「作品」がつくられる過程や舞台裏を映像や写真で記録して背景をみせる「メイキングもの」と呼ばれる手法に関心を持つのと同じように、エークレー法の過程や植物標本の作り方などが展示され、ジオラマ展示の舞台裏がうかがえて、観覧者にとって興味をそそられる展示である（図157）。

●自然系ジオラマ事例

図159 栃木県立博物館のジオラマ 落葉広葉樹林帯、常緑針葉樹林帯、高山帯まで、植生の垂直分布をスロープ上にジオラマを配して見せ（左）、スロープを上り詰めたところに、日光白根山山頂の高山植物のジオラマがある（右）。

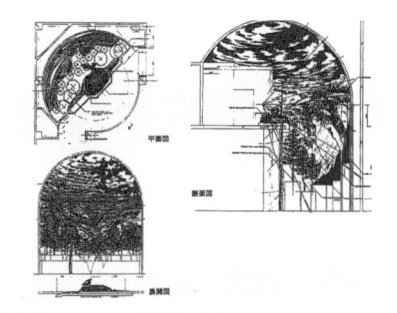

図160 岩手県立博物館のジオラマ（左：ジオラマ　右：設計図面） 観覧者はイヌワシの巣の場所から断崖絶壁を見下ろすことができる。効果的な場面設定の優れたジオラマ。

図162 ミュージアムパーク茨城県自然博物館 森の生態のオープンジオラマ。望遠鏡で覗いたり、倒木にいる虫を観察したり、さまざまな仕掛けが施されている。

図161 黎明館 佐多岬亜熱帯植物のジオラマ

ワシントンのスミソニアン自然史博物館では、海の生態系を再現している（図158）。北米東部沿岸の磯の生態系や熱帯ラグーンの生態系を、潮の干満や波も実際のように作りだして、海のミニチュア版を本格的な展示に仕上げている。バックヤードを覗くと、展示部分の十倍はありそうなスペースに大掛かりな装置を使い、生きたジオラマ展示を創り出している。

自然科学系博物館の生物展示ジオラマでは、多くがジオラマと観客との関係は、芝居における舞台と観客との関係のように、観客と舞台が分けられていた。しかし最近では一体となって、自然環境の中にすっぽり包みこみ体感させるジオラマが各地に見られるようになった。

（4）人物模型（人形）

博物館展示における人形表現は、何を目的にするかによって変わってくる。人間そのものの表現が大事な場合、たとえば、民族学的特徴を正確に再現することで展示の理解を深める場合、あるいは古代の人間である縄文時代人の復元などでは、形質人類学の研究から骨格から肉付けを行い当時の人を復元する

●人形表現の事例1

図163 黎明館　形質人類学の専門家により骨格をもとに作られた縄文人の復原人形。

図164 福岡市博物館　衣裳や道具に注目させるために、あえて人形を作らずに表現した例。

●人形表現の事例 2

図 165　国立民族学博物館　人形は表情をつけずに衣裳展示の展示具としての役割を果たしている。

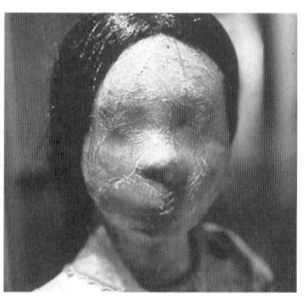

図 166　メキシコ国立人類学博物館　目鼻立ちははっきりしないが、雰囲気は十分伝わる表情を残した人形。

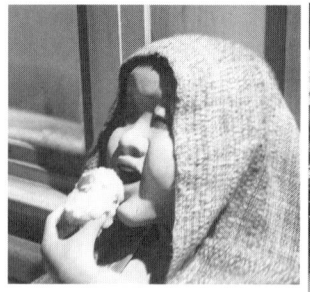

図 167　船の科学館　元羊蹄丸展示室にあった人形。子どもが怖がらないように小さめに作り、顔は多少デフォルメしてユーモラスに表現。

図 168　フォードミュージアム　展示の主役の車に目を集中させるため、人形は白く塗装されている。しかし車の使われていた頃の風俗・衣裳は表現されている。

図 169　国立科学博物館　半分は頭蓋骨、半分は復原された顔にして、古代人の顔を再現している。

「復元人物模型」が作られる。衣装や作業の様子などを展示の主眼として、人形は黒子的に存在させる「模式人体模型」、場の雰囲気や作業環境を演出するための「演出人形」などがある。このように博物館では目的に合う人形製作を行う。既製のマネキン人形は、最新のファッション衣料などを着せる目的で作られるものであり、違和感のある展示になってしまう場合があるので注意を要する。

第7章

展示照明

1. 照明計画の要点と課題

　展示にとって照明は重要な役割を持ち、展示効果を大きく左右する不可欠な構成要素である。展示設計時に照明計画がなされるのであるが、それは対象とする展示資料、観覧者数や対象層の予測、展示空間と設備機能などを考慮して照明設計が作成される。しかしさまざまな資料の材質、形や色の違うすべての資料に応じた照明設計がつくられるのではない。最大公約数的に光源を選んだ設計が行われる。照度の設定（ゾーンごと、あるいは展示室全体）を行って、光源を決め、色温度設定や演色性の選択を行い、光源の位置などが決められる。その上でスポットライトや光ファイバー、ピンポイントLED照明などによるポイント（重点的）照明が施されることになる。ただ、設計上で計算されたとおりに行かない場合が多く見られる。部分だけを考えて正しいと思っていた照明も、展示空間全体に配置された照明から影響を受けることが生じる。解説パネルや模型へのライティング、ジオラマなどの演出上見えてはならない光源の処理などを配慮しながら進めるが、設計上では計算できなかったことが起こることが多く、現場での調整は欠かせない。

　外部の明るいところから急に暗い空間に入る可能性の高い展示室の照明計画は、人間の目の順応を考慮に入れて計画を立てることが大切である。貴重な文化財や美術品を展示するにあたり、展示空間全体の照度を低いトーンに抑える必要がある場合、エントランスなどから展示室へ進む間に、徐々に照度を低くしてゆき、目を次第に慣らし、無理なく目を順応させることが必要である。50 lx程度の低い照度においても目が慣れることによって暗く感じなくなり、展示物が視覚的に明るく見えるようになる。そのためには、同一視野内に高輝

度のもの、たとえば光源が目に入ったり、外光が入ったりすることを避けなければならない。また、展示物の背景輝度を展示物の輝度より低く抑える工夫も見やすい条件をつくることになる（図170）。

次に「グレア」（まぶしさ）についてであるが、光源からの「直射グレア」や展示ケースのガラス面に光がうつり込む「反射グレア」によって、展示物が見えにくくならないような照明器具の選定、器具の取付位置、照射の角度などについて検討されなければならない。たとえばシカゴ美術館ではグレア防止のためにユニークなのぞき型ケースを使用している。それは設置された壁側に向かってガラス面が傾斜して反射グレアを防いでいる（図171）。

直接グレアを防ぐためには、観覧者の視線の水平ラインを中心に30°の上下の視野の範囲内に観覧者の目に向かう光源からの直射光が入らないように注意しなければならない。また、展示ケースなどのガラス面にうつり込む反射グレアは、光源の位置と視線との関係で生じるものであり、光源位置の設計に気をつけなければならない（図172）。また、ガラス面をわずか下方に傾斜させることによって目に入る反射グレアから外すことも可能である。海外の展示ケースやジオラマなどのガラス面ではよく採用されている方法である（図173）。

次に彫刻などの立体物の照明方法であるが、光の陰影によって、展示物の形

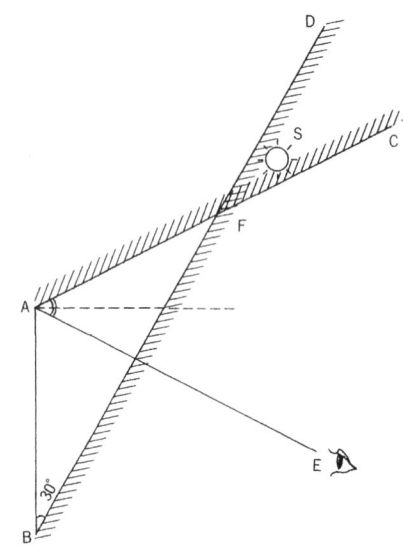

図170　絵画面（A-B）に対する光源の位置（登石1990より）

図171　シカゴ美術館の反射グレア防止ケース

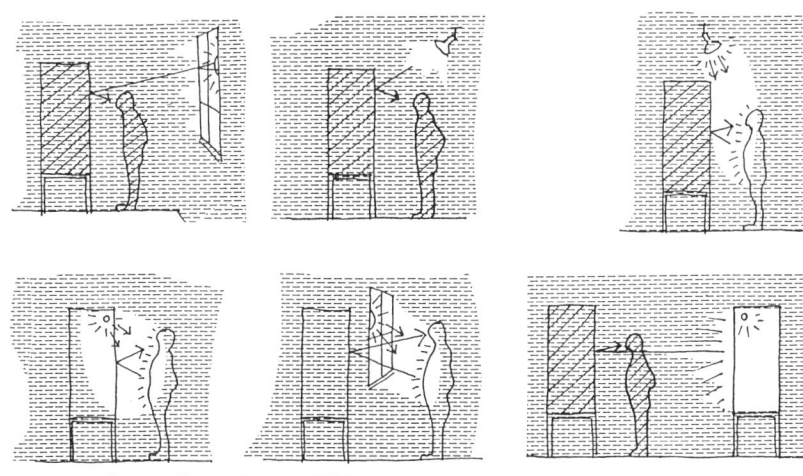

図 172　ケース展示のグレアの要因（Bertram 1982）

図 173　オーストラリア戦争記念館の展示ケース　傾斜させたガラス面

状を際立たせ、立体感、質感、量感などを十分に表現することが大事である。光源は、蛍光灯のような拡散光だけでは表面の凹凸感が失われて、平板なものになってしまう。また、指向性のあるスポットライトだけでは、険しい陰影が生じすぎるきらいがあるので、拡散光をベースとし、主光源をスポットライトにした方が無理のない立体感のある照明となる。この際、展示面の最大と最小の輝度比を6：1以内に設定して照明する方が望ましい照明効果が得られる。さらに、スポットライトの位置は斜上前方15〜45度の照射角度がよい結果が得られている。

照明技術によって展示効果が大きく改善されることが多い。展示空間で照明を効果的に発揮させるためには、照明計画を立て、実験を行い、さらに現場での調整作業が必須である。演劇における照明、映画での手法なども参考にしながら、効果的な博物館展示照明のあり方を追究することが求められる。

　現在、LED照明の開発が急速に進展している。今後、LED照明の展示への実用化を促進していくためにも照明実験は大変有効と考える。蛍光灯照明と比較しても1/2〜1/10程度の消費電力抑制が見込まれるだけでなく、展示室における温湿度調整に大変深い関係がある放出熱に関しても、大きく抑制できるため空調負荷は相乗的に抑制され、省エネルギー効果、ひいてはCO_2排出量の削減策にも大きく貢献する。いかに博物館環境へLED照明を展開するかが今後の課題である。

　光に対する感覚は国や地域によって異なる。日本とヨーロッパでは、気候風土による生活文化の違いから照明の受け取り方も違っている。木と紙で出来た日本の家屋では障子などからの面照明の穏やかな薄明かりで暮らしてきた。一方、ヨーロッパは石づくりの建物から射し込む光が主であり、隅々まで照らし出す明かりを避け、スポット照明のような部分を照らす点光源の技術が秀でている。また、くつろぎの室内ではまぶしさを避けるように間接照明が好んで使われている。これらの文化的背景をあわせて考えることも照明計画の重要な点であろう。

2. 展示の芸術性と照明

　照明実験は、新しい展示を考える場合、試行錯誤を伴うさまざまな試みにチャレンジする必要がある。それは博物館展示のもつ芸術性とエンターテイメント性に大きな効果をもたらす。まさに照明はその「芸術性」の実現にとって大事な要素の一部だからである。レベルの高い展示を構成するためには、芸術性が重要でありそのために照明は不可欠なのである。

　光の演出は、人びとの記憶の中にあるさまざまな情感に訴えるインパクトが大きく、その心理的な作用は、共感や感動を生み出し、不思議な雰囲気を醸し出す。光には「ひとつの魂があり、言葉で表現できない部分を表現し、協力す

るのに大切なものである」。これはポール・ブランシャールの著書『演出の歴史』の中に出てくる言葉であるが、照明の工夫が展示の語りにスペクタクル性を与えるのである。以上のような意味において照明を工夫するための実験は重要であり、新しい博物館展示の開発に向けて大きな意義を有するものである。

3. 展示照明の効果

博物館において求められる展示照明は、基本的には次の4点に集約できる。
（1）展示される資料の本来持つ色を正しく見せて、かつ美しさを引き出す照明。
（2）資料を照明することによって起こる劣化をいかにして最小限に止めるか（第5章参照）。
（3）光の環境を演出することで観覧者のイメージが広がり、臨場感や高揚感を感じ、より深い理解が得られ、共感・感動まで与えうる照明。
（4）照明の強弱や照射角度などを駆使するライティングテクニックの知識。
これらのすべての知識を含めた技術が、博物館展示照明に求められる。（1）から（4）は互いに関連するものが多い。

（1）資料の色を正確に美しく
①グルベンキァン美術館（Museu Calouste Gulbenkian）
ポルトガルのリスボンにある同美術館には、日本の浮世絵、版画のコレクションがあり、照明方法にも工夫が見られる。浮世絵の展示では展示室の壁面に直接展示するのではなく、和風のイメージをもつパネルに作品が掛けられ、ライティングは浮世絵の画幅に合うようにスポットライトのレンズがマスキングされて、絵画部分だけに光が当たり、浮世絵の美しさが引き出されている（図174）。白熱灯光源の赤外線は、当然カットされなければならない。
②那須野が原博物館
竹細工の工芸品を展示するときには、その編み目を活かす照明方法への配慮が必要である。この博物館では、繊細に編み込まれた美しい竹細工による工芸品をオフホワイトの台上に置き、真上からのトップライトの光によって陰影を

図174　グルベンキァン美術館の照明

創りだし、細やかな展示資料の特徴を引き出している。展示資料の持つ飴色の美しい造形美と、白い台上に写し出された影模様によるそれぞれの美しさが相乗効果を生み、作品の持つ芸術性を一層高めている。このようなメッシュ状の資料は、影を創り出すことで観覧者の細部への注意力を喚起し、観察への集中を促す働きが生まれると考える。

③北海道立近代美術館

　開館時においてガラス作品のコレクションを柱の一つにしており、この館の目玉展示となっている。ガラス作品はガラスの透明性や色ガラスの美しさを引き出すために光を透過させて見せるとより効果が高まる（図175）。ここでの展示は背面からの光を作品に当て透過させ観覧者に見せる方法を採用している（図176）。注意しなければならないことは壁面の光がグレアとならないように強さを抑えて、なおかつ効果的でなければならないという点である。また、壁面に光のムラをなくし均一であることが条件である。これらをクリアするには光を微妙にコントロールする必要があり実験は欠かせない。

　応用事例としては、展示の床面下部から照明によって光を透過させて見せる方法がある。床の構造は、下の床板に透明板（ガラスあるいはアクリル）を張り、その上に板を張った二重張りとし、展示台としてのアクリルブロックのサイズに上板の部分を切り抜いて、展示台のアクリルブロックを嵌め込む（図177）。床の照明ボックスからの光が、光の直進性を生かしてアクリルブロッ

クの上面を照らし、展示されたガラス作品は、下から透過した光によってキラキラと美しいガラスの輝きが引き出されることになる。

④東京農業大学「食と農」の博物館

全国の日本酒醸造会社の子弟が卒業者に多いところから、この博物館は美しい酒瓶を集めて展示している（図178）。内照式の光壁に配列されたさまざまな色や形の瓶のデザイン、ラベルやロゴマークなどの比較展示としても大変興味深い。また、数本という数ではなく数百本が一同に揃うことで圧倒されるような迫力がうまれ、光壁に美しく構成された表現が芸術性をも感じさせている。

図 175　北海道立近代美術館ガラス器の展示

⑤國學院大學博物館

古代における装飾品の一つであった翡翠の勾玉の美しさを、最大限に見せたいという思いから採用された展示方法であろうが、内照式照明による透過光によって勾玉の美しさを引きだすとともに、円形の台座の周りを間接光の光の輪で縁取り、宝物として大事にされた勾玉を引き立てるデザイン処理となっている（図179）。

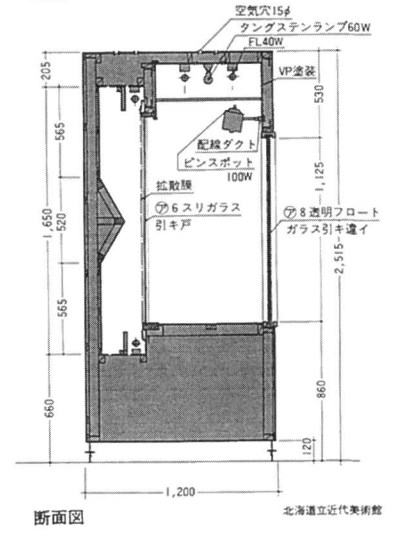

図 176　北海道立近代美術館のケース照明断面図　（筆者作図）

⑥オーストラリア国立博物館

原住民によるガラス器で作ったヤジリを、光壁から細いピンの取付具で浮かせて支持し、透過光で見せる展示を行っている（図180）。

⑦ヤマザキマザック美術館

アールヌーボーのガレの作品を数多く展示している。展示ケースの床を照明

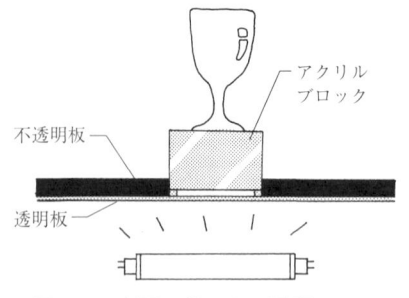

図177　床面下部からの照明（筆者作図）

図178　東京農業大学「食と農」の博物館　東京農業大学卒業生の蔵元　銘酒紹介コーナー

図179　國學院大學博物館の照明

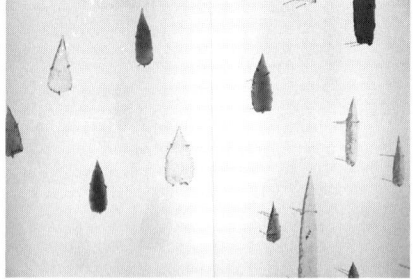

図180　オーストラリア国立博物館の照明

ボックスにして、上下からライティングすることによって、ガレの作品の素晴らしさが一層輝きを増している。ガラス器の下部を見せるために（図181）、光床に鏡を置きさらに透明アクリル台で作品を少し高い位置に展示することにより、光床からの光が作品の下部を照らし作品を美しく見せている。ガラス作品は、透過する性質を利用して光床や光壁、上部からのスポットライトなどの照明、鏡などの要素を巧みに活用することが美しく見せるポイントである。

⑧秋田県立農業科学館

　季節ごとに行われる農作業の様子や祭り・儀礼などの姿を模型やパノラマで表現している（図182）。農家と田圃を同じ場面設定にした春と冬の2つの模型では、水田の変化や家の周りの草木の変化などを表現し、春の季節の瑞々しい緑の雰囲気、秋から冬の時期における紅葉の美しさを、それぞれの色を表す

図181　ヤマザキマザック美術館の照明

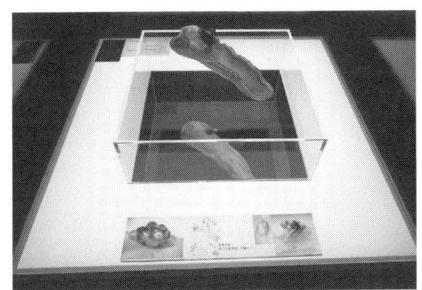

図182　秋田県立農業科学館の照明

図183　福井県立歴史博物館の照明

ために春は5000 K（図182手前模型）、秋冬は3000 K（図182奥模型）の色温度に違えた照明によってその効果を発揮している。

⑨福井県立歴史博物館

　歴史資料として残る絵馬は時代を経て、褪色や剥落あるいは黒ずみなどにより本来の状態を知ることが難しいが、今日、デジタル技術の進歩で色の再現がかなりの精度で可能となった。ここでは創作時の状態に再現された絵馬に、蝋燭や灯明の明かり、揺らめく光を再現する照明装置によって当時の人びとが見たであろう状態を展示し、観覧者に味わってもらうことを目的にしたライティングの方法が採用されている（図183）。

⑩国立科学博物館「日本館」

　背景をダークな色にして岩石・鉱石が一点一点浮き上がるように、それぞれ

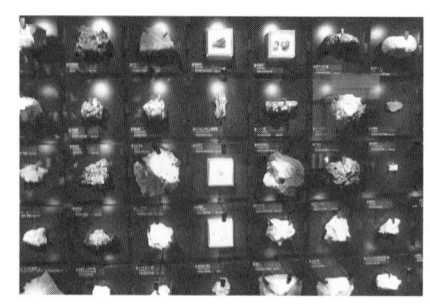

図184　国立科学博物館「日本館」の照明（左：鉱石・岩石　右：アンモナイト）

に光源を用意して展示物を輝かせている（図184左）。アンモナイトの展示では、形や大きさがさまざまであり（図184右）、また資料の色が暗い色調のため、壁面を明るい色にしてライティングによって陰影をつくり出し、ボリューム感や細部の形状が捉えられるようにした展示照明である。

⑪東京国立博物館プライスコレクション「若冲と江戸絵画」展

　日本の作品のコレクターであるアメリカ・カリフォルニアのプライス夫妻によるプライスコレクション「若冲と江戸絵画」展は多くの観覧者が訪れた。特筆されることはガラスケースを用いず、光の効果に工夫を凝らした展示室が一室設けられた点である。プライス氏の鑑賞に対する考えによって、作品をガラス越しでなく直接見ることができるとともに、さまざまなライティングが可能となり光によって表情が変化して見える多様な楽しみが実現された。「光の色温度変化、つまり日中の白い光から夕方のオレンジ色味の光への移ろいが絵の印象を変えてみせる。絵は自然光の移ろいを写し出し、外部空間と一体となる」というプライス氏の鑑賞に対する考えは、通り一遍ではない絵画の見方を教えてくれる。ただし、古い文化財を展示する際は、危険を伴う展示であることも忘れてはならない。賛否両論のあった展示方法であるが、本物ではなくレプリカを作成して見せたい方法である。

（2）光の環境の演出

①秋田県立農業科学館

　秋田西馬音内の夏盆踊りは、菅笠を深く被り踊り手の素顔が見えない踊りで

図185　秋田県立農業科学館の照明

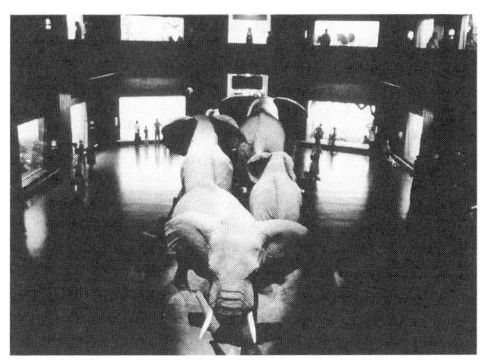

図187　兵庫県立考古博物館の照明

図186　アメリカ自然史博物館の照明

先祖の霊を慰める踊りといわれている。展示室では5体の人形が舞う姿が展示されている（図185）。日没の余韻に残るオレンジと暗闇の世界への狭間の時間帯を設定し、布地のスクリーンを背景に巧みなライティングを行うことによって踊り手の妖艶な姿を浮かび上がらせている。展示で考えなければならないことは、限られたスペースのなかで凝縮されたイメージを表現するために照明・色・状況設定を十分に練り込み、観覧者が共感する空間づくりをいかに構成するかである。

②アメリカ自然史博物館（American Museum Of Natural History）

　数多くのジオラマ展示を有し、立体造型では世界でもトップクラスの技術集団が展示を支えている。ジオラマに囲まれたホールの中央に位置するアフリカ象の展示は、オープン展示（ガラスケースの中に入れずに剥き出し）がなされ

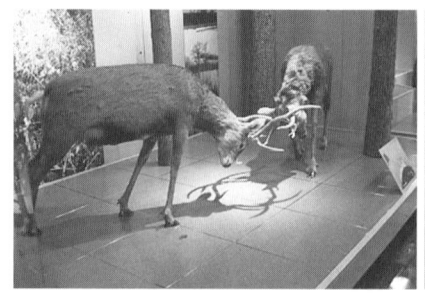

図188 苫小牧市美術博物館の照明 　　図189 武石ともしび博物館の照明

図190 盛岡市遺跡の学び館の照明 　　図191 横浜市歴史博物館の照明

ている。暗がりのなかでスポットライトを浴びるアフリカ象の群れは、今にも地響きを立てて動き出すのではないかと思えるほどのリアリティがある（図186）。この効果を生みだしているのは、オープン展示であることと、1体だけでなく集団を構成して、陰影の強いライティングを行ったという点であろう。展示資料をつぶさに観察させるという照明ではなく、迫力というダイナミックな視点を強調した照明方法である。

③兵庫県立考古博物館

　武人が馬上で刀剣を振りかざした古代における闘いのワンシーンを実物大で再現した展示である（図187）。ライティングの照射角度（前方斜め上部）からの照明によって写り込んだ影が展示効果を高めている。実物の兜飾りは影によって鋭く強調され、振り上げた刀も真っ直ぐに延びた影となって闘いの緊張感を表現している。実物資料への照明テクニックによって感覚的で絵画的な構

図を生み出している。

④苫小牧市美術博物館

　2匹のエゾシカが角を突き合わせているシーンを再現している展示である（図188）。全体に柔らかい光を基本照明にして、ちょうど突き合っている角の部分に真上からハイライトの強い光を照射して、角の影が床面にクッキリと現れ、観覧者の目を引きつけている。自然界のなかで繰り広げられるさまざまな動物の生態が、光の当て方一つで生き生きとしたストーリーを見る者の頭の中に描かせてくれる。

⑤武石ともしび博物館

　近代のガス灯や電気が普及する前の人類は、夜は長い間ともしびを見つめて暮らしてきた。人は、たき火やストーブの直火を見ると不思議に心が安らいできて、遺伝子の中に組み込まれている懐かしい記憶のようなものを感じるようである。ともしび博物館では、このような感覚を再現するかのように、切り絵のイメージと、ともしびのイメージを組み合わせて展示空間を構成している（図189）。点光源のともしびの明かりと切り絵の白黒のコントラストが深い独特の味わいを醸し出し、展示室全体は間接光、補助光として夕焼けの光のような穏やかな灯りで統一されている。また、廻り灯籠をイメージしたスクリーンに、揺らぎながら流れ去る光の残像を作り、郷愁を感じさせる演出もその効果を高めている。

⑥盛岡市遺跡の学び館

　壁面部分において古代人の暮らしの一場面が単純化された立版古の形に構成され、そこに樹影のパターンなどが投影されている（図190）。また、ステージと壁面の間から壁面上方に延びるホリゾントライトの灯りが変化して、舞台照明のような演出がなされている。ジオラマ再現をしたいが予算的に叶わなかったり、空間がない場合などは、江戸時代から伝わる「立版古（錦絵）」の手法に、光や映像を投影する今日的な演出を加えて新しい感覚で構成することも効果的である。

⑦横浜市歴史博物館

　江戸時代の神奈川宿の茶屋であった「桜屋」を想定復元した模型（図191）。東海道を行き来する旅人達で賑わった神奈川宿の様子が伝わってくる

図 192　江戸妖怪館の照明

図 193　若狭三方縄文博物館の照明

図 194　立体的展示資料の照明

ように、さまざまな仕掛けを組み込んだ模型である。往来を駆け抜ける駕籠や、天秤棒を担いで売り歩く商人、旅人を呼び込む茶屋の女性などが登場し時間帯を演出して照明が変化していく。夜ともなると茶屋の2階に灯りが点り遊興を楽しむ酒宴の様子まで現れる。建物模型だけでなく生活の記憶を再現する演出には照明の効果は重要である。そこで営まれ、繰り広げられた人びとの様子の表現は明暗の演出を図ることによって大きく効果を左右する。

⑧江戸妖怪館

対象物の直ぐ下からアップライトで照らすと、影が上にできて不気味な雰囲気になる（図192）。また、背景のスクリーンに下からの照明で拡大された影が写り込みオドロオドロしい不気味さを強調する。

⑨若狭三方縄文博物館

縄文の文様を浮かび上がらせるためには、土器の手前下部からライティングすることによって文様が際立ってくる。ここでは上部からの照明も併用して全体に低照度の柔らかいトーンのなかで、縄文土器の下部からの照明を主光源にして光を当て、1点1点が薄暗いなかで際立つような照明方法を行っている（図

193)。

(3) ライティングテクニック

ライティングテクニックには、壁面全体を照らし壁面に掛けた展示物を照明する (wall-washing) 壁面照明、壁面の展示物部分だけに当てる照明、天井から展示物を照らすダウンライト、天井面を照らして間接的に展示空間を照らすアップライト、拡散光により空間全体を照らす拡散照明、展示物の一部分に当てるピンスポットライトおよびアクセント照明、展示物の下方から照らし出すライトアップなどがある。

①立体的展示資料の照明

資料の持つ意味を最もよく表現できるライティング方法を選ばなければならない。光の強弱や拡散光、集光スポットによる照明、あるいは色温度を変えて照明することによって表情が変化する。図194左上は面光源で均一に光を当てた状態でありフラットな変化の乏しい表情となっている。写真左下は左上方斜めより光を当て陰影のコントラストを強く表現して立体感が際立っている。写真右上は、下方からのアップライトだけの光で、日常の光環境では接することの少ない不自然な違和感を持った不気味な表情が現れてくる。写真右下は、前方上部の柔らかい拡散光と左上方からの比較的強い光を当て、像の右側に影をつくり立体感を表現するとともに全体の細部の観察も可能としている。この4つの写真のライティングは、わかりやすく示した事例であり、実際は素材の持つ風味や色合い、表情を十分に考慮してテスト・実験を繰り返し決定されなければならない。

②クリーブランド美術館 (The Cleveland Museum Of Art)

アメリカにある同美術館は展示の見せ方への工夫が随所に見られる美術館として評価が高い。古代の酒器リュトンの展示では、器の前面に細かく彫られた絵柄をクッキリと見せる工夫として、展示台の前の側面に小さなミラーを取り付け、天井の照明を巧く反射させ絵柄に光を当てその効果を感動的に見せている（図195）。このような工夫はいかにして作品の良さを見せたいかという学芸員の作品への思いを感じる展示であり、日頃のたゆまぬ試行錯誤や工夫の結果から導かれた手法であろう。また、同美術館の金貨展示は（図196）、金貨

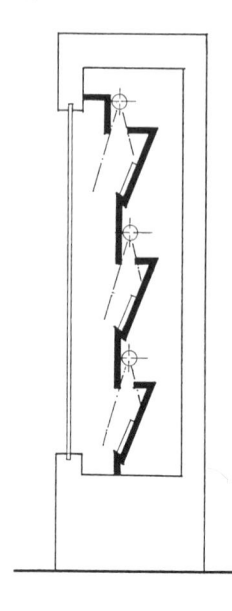

図195　クリーブランド美術館の照明

図196　クリーブランド美術館の金貨展示の照明（筆者作図）

の輝きを効果的に見せたいという思いから工夫した展示方法である。金貨は平台に置いて見せるより斜めにした壁面に並べて見せる方が見やすい。ここでは3段にした金貨を置く斜台の上部にスリット状（溝状の細い隙間）の開口部を設け、そのスリットラインの上部に照明器具を設置して、細い隙間からの光が金貨を照らしている。一瞬どこから光が出ているのだろうと思わせる展示方法で、光源の位置を意識させない上手なライティングテクニックである。

③神奈川県立生命の星・地球博物館

　たくさんの化石類が連なって産出する場合、化石を1点1点クリーニング作業で取り出すのではなく、集団として一堂に見せる方法をとる場合がある。トップライトからの光や補助光で、陰影の方向性とモノの大きさによる影の出方に変化を生じさせることがポイントである。つまり照明方法は一幅の絵を創り出すような視点で光の強弱をつくり、構図や陰影のバランスを計ることにより、化石を生き生きと蘇らせることができる（図197）。

④国立科学博物館「地球館」

　骨格標本コーナーの照明では（図198）、骨格標本は躍動感のある大きな曲線壁を背景に展示され、照明によって写り込むダイナミックな影を創り出し、展示に動的な印象を与えている。

⑤秋田県立農業科学館

　図199は田植え作業の後に行われる「サナブリ」の行事の場面の展示で、手

図197　神奈川県立生命の星・地球博物館の照明

図198　国立科学博物館「地球館」の照明

図199　秋田県立農業科学館の照明

伝っていただいた皆さんをもてなし、美味しい料理を囲んで飲み交わす楽しい行事の様子が表されている。白熱灯ランプによる暖色ライトが人びとの顔を照らすことで、穏やかで楽しそうな雰囲気がうまく表現されている。ジオラマやパノラマは、季節や時間の設定などにより、それぞれの状況を最も生かすライティング効果に配慮して照明計画を立てることが重要である。

⑥ヴァーサ号博物館（The Vasa Museum）

　ヴァーサ号が港の造船所で造られている17世紀初頭の様子を模型で展示している（図200）。彩色された背景の町の様子と黄色く単色で仕上げられた陸地の造船状況、暗黒の海側に浮かぶ小舟や帆船の支持具を全く感じさせない明暗の差を大きくつけた手法など、色彩のコントロールと照明効果がマッチした完成度の高い展示技術である。

図200 ヴァーサ号博物館の展示・模型

図201 ヴァーサ号博物館の照明

図203 福井県立歴史博物館の照明

図202 フランス国立自然史博物館の照明

　また、ヴァーサ号を展示する大空間の間延びしがちなコンクリート壁面に、ブルーの集光照明がアクセントライトになって空間を引き締める効果を果たしている（図201）。
⑦フランス国立自然史博物館（Le Muséum national d'Histoire naturelle）
　図202は、吹き抜けの大空間に配置された「進化の大ギャラリー」と題する展示である。緩やかなカーブを描くライン上に、サバンナを行進する哺乳動物

図 204　神奈川県立生命の星・地球博物館の照明

図 205　盛岡市遺跡の学び館の照明

の群れがアフリカ象の親子を先頭にサイやシマウマ、キリンなど、ごく自然な格好で行進しているかのように展示されている。時間ごとにサバンナの夜明けから日没まで光が移り変わり、さまざまな動物たちの生き生きとした表情を巧みなライティングによって表している。また、動物はステージや展示台の上に配置するのではなく、観客の立つレベルと同じ位置に展示する方法を採ったことで、観覧者が動物の大きさを比較したり、間近で確認できたりして親しみ深い展示にもつながっている。

⑧福井県立歴史博物館

「印籠と根付」の展示である（図 203）。美しい工芸品であり愛用品として大事に身につけていたであろう翁の面をかたどった小さな根付に、照明の存在をなるべく見せない方法（極小の光ファイバー）で、笑う翁面の表情を巧く引き出している。

⑨神奈川県立生命の星・地球博物館

ステージに内蔵されたスポットライトの照明に照らし出された動物の群れが浮かび上がるようにライティングされている（図 204）。拡散光と集光のバランスが重要である。

⑩盛岡市遺跡の学び館

専門家であれば住居跡の遺跡の柱穴から当時の家屋の形態や構造がわかり、炉の跡などから生活の様子を想定することができるが、専門家ではない一般の人にとってはわかりにくい。ここでは、天井部からの照明を遺跡模型面に当てながら、ナレーションで一般の人の理解を深めるようにしてある。単なるス

ポット照明ではなく観覧者の注意を引くような文様や色使いにしている（図205）。そして動きのあるものに対して人間の眼は向くことを巧く活用している。観覧者に集中してもらうために、照明方法は重要な役割を果たすことを理解する必要がある。

コラム 31　秋田県立農業科学館

　秋田県立農業科学館は、1991 年（平成 3）5 月、大仙市に誕生した農業の専門博物館である。89899 m^2 の敷地の中心に、リンゴ園、つつじ園、果樹園、芝生広場が整備され、本館施設として農業科学館が延床面積 4699 m^2 の規模で建設されている。先人の築いた農業とその文化を再評価し、急速に進歩する科学技術に対応した、新しい時代にふさわしい農業のあり方を学ぶ施設として位置づけられている。2 つの展示室から構成され、第一展示室では秋田県の稲作と民俗文化を中心に紹介し、情景を象徴化した表現は、伝統文化に育まれた暖かさや懐かしさを感じさせる。第二展示室は、自然環境や生産技術を科学の視点から捉えて紹介している。パソコンを操作しながら、多くの情報を楽しく体験でき、また大型模型では未来の田園都市を描き出している。2 つの展示室の間には「バイオシアター」という映像室が設けられ、生命の誕生から農耕の始まり、バイオテクノロジー利用の生産技術などを立体映像で見ることができる。

　第一展示室の特色は、効果的演出と照明である。春から冬までの四ステージを、スロープを上がりながら観覧できるように変化がつけられている。構成は春の田植え、夏の除草、秋の収穫、冬の米出しの作業を各季節に配置し、水田の変化と農作業に従事する人びとの姿、家の周りの草木の移り変わりや、裏の畑作物の成長、ニワトリや犬の様子など、季節の変化と共に繰り広げられる農作業や生活全体が理解できて興味深い。それぞれの時期に行われる民俗行事も対にして組み合わされ、春の田植え完了の祝いである「さなぶり」、夏の「盆踊り」、「秋祭り」、冬は正月用の品物を並べて売る「歳の市」の様子を象徴的に再現し、近づくと音響が流れて情景をさらにイメージさせる。また、照明効果もよく考えられている。

　ヨーロッパの展示で感心させられるのは、照明テクニックの上手さであり、「あかり」の文化の違いを見せつけられることが多いが、この施設の照明計画は優れている。色の持つ輝きを引き出すために色温度の違うスポットライトの使い分け、間接光の使い方、色を強調する補助灯、影の演出などを巧みに処理している。たとえば、春の緑の瑞々しい輝きを引き出すためには、色温度が 5000 K のライトを使用。一方、秋の紅葉の鮮やかさを発揮させるためには 3000 K のライトを使い効果を上

げている。また、盆踊りや秋祭りの人物へのライティングは影をうまく作り出し、動きや情感を表現している。心に残る展示手法のひとつは対象を象徴化し、観覧者に共感を呼ぶドラマチックな照明演出を図ることである。

コラム 32　山種美術館・根津美術館・大和文華館

　所有している貴重な展示物（資産）を、よりよく見せるためにリニューアルを行う美術館、博物館が増えている。

　新「山種美術館」は、2009 年（平成 21）10 月理想的な憩いの空間を目指してリニューアルを行い、特に所有する日本画への光源には相当な配慮がなされて、作品をやさしく包み込むような光環境を実現している。また、同年同月には新「根津美術館」も開館した。ここでも絹や和紙、漆といったデリケートな素材を持つ美術作品を保護し、最良な光条件で見せる LED 技術を駆使した展示が行われている。さらに、大和文華館は国宝 4 件、重要文化財 31 件をはじめ、約 2000 件の美術工芸品を所蔵する美術館であるが、近鉄創業百周年の記念事業の一環として、2010 年（平成 22）10 月にリニューアルオープンしている。同館でも貴重な資料の鑑賞環境を向上させるため、最新の LED 照明、高透過ガラスなどを導入した改装が行われた。

第8章

展示評価の現状と課題

1. 博物館における展示評価とは

　評価とは、ある事象を測定し、良否について解釈・判断して価値を定め、現状より高い目標にたどり着くよう試みることである。展示評価は、展示がメッセージを的確に伝えているかを測る手段で、展示案を考え直すべきかどうかの判断を下す根拠を与える。現代社会のなかで博物館は、利用者とのコミュニケーションの成立が重要な視点となってきた。展示においても利用者の意見や要望を聞き、博物館からのメッセージが伝わっているかを確認し、何を変更すればさらに展示がよくなるだろうかと解決策を探るものである。博物館側の思い入れだけでつくられがちな今までの展示も、来館者の声を十分に聞き評価を受けて、それを反映させたより楽しく学べる展示が求められている。

　展示評価が確立しているアメリカでは、公的資金を提供した説明責任として、評価が発展してきた背景があり、教育的な有効性に対する関心が高く、教育的使命を果たす傾向が強い。欧米の博物館の作り方は、作り手側が大きなミッションを持っており、「この博物館はこういうことを実現する」という考えに基づいて展示が作られる博物館が多い。明確なメッセージを持ってつくられているため、それが伝わっているかどうか、ミッションが実現できているかを確認するための評価が重視される。日本においても博物館のミッションに関する長期的計画と具体的目標のイメージを持つことが求められている。

　日本の博物館の評価基準は、未だ十分に確立されているとはいえない。現在行われている方法は、行政が行っている社会調査の手法による評価、博物館の基準を定めて到達度を測る評価、来館者からの意見をもとに評価する方法などさまざまな研究がなされているが、博物館の評価は何を基準にして行うかにつ

いて、公的に認められた方法で統一して行う基準が不明確である。博物館が自己評価を行い、その自己評価の結果から求められる社会性や活動への期待を見出すことは、今日において必要不可欠といえる。評価によって評判の高い博物館は、潜在的な博物館利用者を博物館に足を運ばせる動機づけにもなるだろう。博物館自身が科学的に分析された博物館評価を厳正に行い自己点検することが望まれている。以下に米国の代表的な評価法であるゴール・レファレンス法をもとに展示評価を述べる。

　展示評価は企画時において行われる「企画段階評価」（Front-end evaluation）、作る各段階で評価しながら展示を製作する「形成的評価」（Formative evaluation）、現状の展示されているものを評価する「総括的評価」（Summative evaluation）の3つに大別される。

2. 企画段階評価

　メッセージの伝達の有無を検証するというよりも、博物館の展示に人びとは何を求めているかが調査され、展示内容に関する期待や受け止め方を展示のなかでどのように実現していくべきかを探る評価である。具体的には展示が扱うテーマに関する利用者の興味や知識、経験や考え方を調べ、企画の方向性を調整するもので、プロジェクト開始時に行われる評価と位置づけられる。

3. 形成的評価

　一般的に展示評価というと完成後の展示を対象に行うという考えがイメージされるが、主に展示の製作時に行う評価である。学芸員と展示デザイナーだけで進められる展示開発のプロセスの中に、観覧者の意見を採り入れながら進められるこの形成的評価は、観覧者の学習成果が意図された目標まで到達できているかを確認しつつ展示を改善するため、完成度の高い結果が生まれる可能性が高い。米国では製作途中における評価は大変重視されている。製作段階において何をねらいとして評価するかについては、以下5つの要点があげられる。

（1）形成的評価の5つの要点

①「引きつける力」
展示が成功するには、まずは観覧者に見たいという意欲をかき立て、注意を喚起し、いかに引きつけるかという展示の工夫がなされているかがポイントである。

②「保持する力」
展示に興味を持ち、引きつけられた観覧者が内容を理解すると思われる時間立ち止まり、どのぐらいの時間を割いて展示を利用したかを測定する。

③「手順の力」
展示において操作を伴う行動をさせる場合に、観覧者は操作方法を理解し、展示が意図する体験がスムースにできているかを測定する。双方向性の展示に欠かせない評価である。

④「コミュニケーションの力」
観覧者に展示から何を学んでもらいたいのか、意図したメッセージは伝わったかという教育的な力を測定する。

⑤「感情的な力」
どのように感じるかという評価で、人びとはその展示が好きか、気に入っているかという視点で「喜びの力」とも呼ばれている。展示の芸術性も重要な評価の対象になる。

以上の5つの要点のうち、①「引きつける力」、②「保持する力」、③「手順の力」、は数量的な測定が行われ、④「コミュニケーションの力」、⑤「感情的な力」、は質的な測定方法であり、観覧者を観察し、インタビューを行い、理解しているかどうかを判定するものである。

（2）形成的評価の手順

①ターゲットを決める。
ターゲットになる観覧者を決め、展示で何を伝えたいかという「目標」を決める。「目標」を作るにあたっては、たとえば「展示のテーマはアピールする力があるか」「人びとが博物館に来たいと思うか」「人びとが満足するだろうか」「内容の理解はスムースに行われるか」などの観点から検討する。

②展示する内容のモックアップ（模型）を用意する。

　新しい解説ラベルのフォーマットや配置が観覧者を引きつけ、わかりやすく理解されるか、新しい展示装置が、観覧者に展示の概念をうまく伝達できるかなどを測るために、具体的にモックアップや試作品を作成する。それらの材質は安価な紙や厚紙、発泡ボード、ベニヤ板などで構わない。

③モックアップや試作品を観覧者に見てもらう。

　見てもらうことで、目標の達成度を確認する。

④結果を検討する。

　考えていた予測と結果がどの程度合致しているか、または乖離しているかを確認して、見直しを検討する。

⑤モックアップを改変する。

　見直しの結果をもとに、モックアップや試作品を改変・作成する。

⑥多くの観覧者データで再テストする。

⑦変更したものを最終的に展示の中に組み入れる。

　以上の進め方における注意点は、被験者自身がテストされているという気持ちにならないようにしなければならないという点である。あくまでも展示で伝えたいことが伝わっているのか、展示そのものをテストしているということを強調しなければならない。

4. 総括的評価

　展示の総括的評価は、展示がオープンした後に行われるもので、完成した展示全体がもたらす効果を測定する。総括的評価は観覧者が展示施設において、どのような行動をとるか、つまり、素通りした、立ち止まった、時間をかけて見たり読んだりした、参加したり操作を行ったりすることなどを確認し、結果的に伝えたいメッセージを受け取ったかという展示の全体を評価する方法である。すなわち、観覧者が現に展示を観覧して自分の期待どおりのものを得つつある、あるいは得られそうだと考えているかを問題にするものである。総括的評価では、（1）現在の展示の観覧者がどのような人びとであるかを確認する、（2）展示を観覧して、観覧者は何を学習しているのかを確認する、（3）

観覧者が展示を観覧する順序や流れを確認する。ことから始まる。

　アメリカの第一人者であるスクリーバン博士は、「意図した目標（goal）という観点から展示を評価する方法である」と述べている。そして評価は教育目標（Educational goal）に関して、このまま継続するか、改良すべきか、あるいは中止するか、といった意志決定を下すために、展示（展示物、展示方法、展示室、映像、パンフレットなどの小冊子、案内などを含む）の価値を系統的に測定することであると述べている。展示の教育的な影響（効果）を評価する際に考慮しなければならない重要な要点は以下の3つである。

（1）総括的評価の3つの要点
①「どのような影響（効果）を求めているか？」
　観覧者の展示に対する反応から「理解」が実際に達成されたかどうかが判定できるように、目標を測定可能なかたちにしなければならない。そして目標と観覧者の反応がうまく調和しているかどうかについて判断を下した後に、展示を調整し、改善するための情報や評価をフィードバックする。
②「展示を通じて、どのように細部の目標を達成しようとしているか？」
　細部の目標を達成するには、何（実物、図表、写真、映像）が必要なのか。それらの関係や順序はどうなのか。注意を向けさせるためにはどうすればよいのか。メッセージを伝えるために必要十分な時間を観覧者が割くことを保持させるにはどうするか。観覧者と展示の相互作用や参加性は必要なのか。それをどのように提供するかについて検討しなければならない。そして、結果が測定可能なように数量化されるように定めておかなければならない。
③「目標とする観覧者への影響（効果）は、どのようにしたらわかるのか？」
　観覧者の「行動」を観察し、客観テストを行う。そのために前もって観覧者の理解の水準を測っておき、観覧する前と後で観覧者の反応の違いは何であるのかについて判断する。

（2）展示評価の具体的な調査方法
①観察調査（定点観測、行動観測）
　観覧者は入口から出口まで、どのような動線をたどり、どこで立ち止まり、

立ち止まった時間はどのくらいで、どこを見なかったか、そして、観覧に要した時間は何分だったかという観覧者の行動の追跡観察である。欧米の博物館では主な観察方法として以下の点に注目している。展示装置に立ち止まった観覧者の人数の割合の指数を、アトラクション・パワー（attraction power）と呼んでいる。また、立ち止まり観覧者が費やした時間を、その展示を観覧するのに必要な時間に対する割合の指数としてホールディング・パワー（holding power）と呼んで重要視している。その他には、展示室に入室したときに観覧者が最初に向かう方向や、展示を観覧する順序や流れを確認することも更新時の参考として重要な観察のポイントである。観察のサンプリングの方法は、偏りのないサンプル抽出法として、たとえば入口で入館者を順に数え、一定の間隔の順番ごとの入館者をサンプルとする方法などがある。サンプル数は、調査の種類にもよるが、200ないし300サンプルは欲しいというのが一般的である。

②面接調査・アンケート調査

　展示の目的を達成するために満たされなければならない条件などを事前に分析し、必要なデータなどを明確化し、自由記入にするか、面接アンケートにするかによって、それにふさわしい調査票が作られなければならない。訓練された専門の調査官による来館者の行動観察と並行して行われる面接アンケート方式を採るのがふさわしい。その際は以下の点に注意することが必要である。観覧者はおしなべて好意的に反応しがちであること、また、過大評価あるいは過小評価する傾向があるということを考慮しなければならない。面接への協力を依頼するときは、来館者が自分が試されているのではないかと勘違いしないように、調査が何を目的としているのか、つまり展示の伝達能力を評価していることをよく伝え、結果がどのように役立つのかを的確かつ明確に説明すべきである。また、質問対象者へのバイアス（偏り、歪み）が、調査する人のやり方で生じることもある。調査者は快活で、陽気で、誠意のこもったアプローチを心がけることが重要である。さらに来館者のボディランゲージや顔の表情、その他の言葉にならないメッセージは、来館者を理解するための重要な手がかりとなるので、できるだけ記録すべきである。

③客観テスト

　展示の情報がどの程度観覧者に伝達できたかを測る一つの方法である。設問

方法は、空欄を設けた不完全な文章で構成される設問方法や、記憶に残っているかを測定するために作られた質問に対して誘導選択肢の中から一つの正解を選ばせる設問方法などがある。また、客観テストを組み立てる際には、やさしい設問を初めの部分にいくつか組み入れ、やさしい設問と難しい設問のバランスを考えて構成するなど回答しやすくなるような配慮が必要である。

④データ集計の際の注意点

　調査結果を集計するためにはデータのコード化といった一種の記号化が必要になる。どのようなコード体系でデータを整理するかは、評価に着手した最初の段階で考えておかなければならない。また、紛失した情報をどのように扱うかなども事前に決めておき、適用外のコードを記録できるようにしておく。調査結果をまとめるときは、調査の目的、データ収集法、収集データの種類、データの分析の4つの要因が互いに関連していることを常に念頭に置いておくことが肝要である。評価によって解決しようとする問題がどうして生じたのか、評価が他の業務とどう関連しているのかなど、調査の目標を明確にして、データの背後に潜む事実を探り、想定した調査項目に照らし合わせながらその意味を把握して、論理的な結論を導き出せるように検討を進めなければならない。

　展示評価の全体像として、企画段階評価、形成的評価、総括的評価の3つの段階は、相互補完的であり、時系列で検証を行うことによって観覧者とのコミュニケーションの有効性が高まると考える。この一連の評価活動の流れを可能な限り繰り返し、改善し続けることが、望まれる展示活動であるということができるだろう。

5. 展示評価の課題

　展示評価が進んでいるアメリカは、エバリュエーター（evaluator）という評価の専門家が育っており、エバリュエーターが博物館と観覧者の間に立って、醒めた冷静な眼で科学的・分析的に評価を行い、作り手と受け手のコミュニケーションを受け持っている。基本的な考えは、展示を評価することについて、展示の有効性を問い、その成否から学習体験がどの程度うまく提供された

かという観点から判断されるべきものであり、観覧者の期待を満たし教育的にどれほどうまく機能したかを把握することであるとしている。そのために評価は、展示に何が期待されているか目標を定め、これらの目標がどのように満たされるべきかの目的を明確にして、計画通りに機能しているか否かを検証し確定することにある。

　日本ではまだエバリュエーターが育っていないので、評価の専門家が行う評価ではない場合、展示担当者は自らの企画や設計を否定されることで、今までの蓄積経験や能力までを問題にされると思われがちである。責任を問われることもあって、さまざまな軋轢や葛藤を生むことになりがちである。今後、評価システムが確立し、非難ではなく、冷静な問題点の究明という姿勢が周知され、次に向かっての課題の整理と学習として受け止める土壌が育つ必要がある。

　以上のような教育的な面に対して、多様な来館動機から博物館の楽しみ方を考えた場合、観覧者は自分の知識や経験と照らし合わせてさまざまな価値観や視点で展示を見ており、実物や展示から精神的な感動やインスピレーションを得るということも多い。博物館の展示は単にメッセージを運び届けるだけなのか。博物館に来た人びとの学びの多様性を考慮することが必要なのではないか。あるいは何かを学んだことはわかるが、それは時間の経過とともに熟成され学びに育つこともあるのではないか、つまり博物館での学習をどのように捉えるかという視点は大変重要である。効率的な教育効果を追求することによって展示に平明化、平準化をもたらす傾向をつねに孕んでおり、展示の独創性、創造性、芸術性が発揮しにくくなり、どの展示も似たようなものになりはしないかという危惧も聞かれる。

　結局、教育的機会を提供するということへの対応、面白くて魅力的な時間を満足させる感性への対応という2つの条件を同時に満たす展示を創造する仕事こそ課題であろう。

　日本では、展示評価はまだ定着していないが、伝えたいメッセージを明確にして利用者の意見を聞く意義は重要であり、展示改善に大きな力を発揮することは間違いない。また、一般の人びとにとって展示がわかりづらかったり、つまらなかったりした場合、展示作りに問題があると思わずに、自分の能力が足

りないと考えたり、知識が足りないから理解できないのだと思ったり、博物館を敬遠することがあるとお互いにとって不幸なことである。博物館が魅力ある存在でなくなってしまえば、人びとは寄り付かなくなってしまうであろう。社会のニーズを的確に捉え、しかも迎合することなく、社会教育機関としての活動を、信念をもって行うべき博物館は、自らの拠って立つ基盤とその活動について、常に厳しく自己点検しなければならない。そうでなければ少数の人間の独りよがりのものになってしまいかねない。それは公教育機関としての博物館には許されることではないといえよう。

第9章

さまざまな博物館の展示

1. 大学博物館

　現在、大学博物館は増加傾向にあり、昨年（2013年）には佐賀大学美術館が開館。また同志社大学歴史資料館および南山大学人類学博物館は、学内移転してリニューアルオープンしている。そして今年（2014年）は、関西学院大学博物館が開館を予定している。国内における大学博物館の正確な総数は把握していないが280館程度と思われる。

　国立大学では1995年の文部省（当時）学術審議会中間報告を契機に、新しい形のユニバーシティ・ミュージアム（大学附属博物館）が整備されつつある。

　大学博物館の役割は、大学生の教養を高める場として、また、学生が専攻する分野の実物教育の場、あるいは、博物館学講座の授業における場とされているが、その機能は大学教育と研究活動に力点がおかれている。

　従来の日本の大学博物館の実態は、学部ごとに設置する場合が多く、教員自身の研究に必要な施設という性格が強くて、博物館本来の専門職である学芸員を積極的に配置しようとする動きも希薄であった。近年は、市民を対象とした公開講座などに取り組む例も増えている。

　各大学が生き残りをかけて一般市民を受け入れるさまざまなプログラムを開発しているなかで、博物館は大学がもつ専門分野の学問に結び付ける架け橋と期待される。

コラム 33　明治大学博物館

　明治大学では新校舎アカデミーコモンに、刑事博物館、商品博物館、考古学博物館の3つに分かれていたものを1つにまとめ、新たに大学の歴史に関する展示を加えて 2004 年（平成 16）4 月、明治大学博物館を開設した。新博物館はビルの地階 1・2 の 2 つのフロアを占め、延べ床面積は 3449m^2 で、展示室、収蔵庫、事務室、図書室、学芸員養成課程実習室、文化財実験研究室、ギャラリー、ミュージアム・ショップ等が設けられている。同博物館は、私立大学では初のユニバーシティ・ミュージアムを志向した博物館といえるだろう。ユニバーシティ・ミュージアムとは「開かれた大学」を目指すもので、学生、教職員はもとより一般社会に開放された、世代や地域の違いを超えて、さまざまな人びとが参加するミュージアムである。

　明治大学の場合は、刑事・考古学・商品の博物館に比較的早くから学芸員に相当する専任の職員が置かれており、外部へ向けての展示や公開講座等、いわゆる博物館活動が積極的に行われてきた。たとえば、「魏志倭人伝をひも解く―読んで・見て・触れる弥生人の世界」という講座では、「倭人伝」の中に書かれた弥生人の食生活、風俗習慣、装身具、法制度などを、考古学・法史学・商品学の専門の立場から読み解いていくといった 3 博物館の学芸員が一つの講座を主宰する活動が行われており、研究成果を公開講座の場を通じて発表し、社会への還元がなされている。これらの講座をきっかけにして、講座の受講生の中には、大学の聴講生に転じる人も出てきて熱心に講義を聞いている様子も見られるという。また、公開講座の受講者を中心として 24 年前より「明治大学考古学博物館友の会」が発足して、現在の「明治大学博物館友の会」は約 400 名の会員を数え会員自らの企画で運営されている。私立大学の博物館が友の会をもつ事例は他に見られず、先駆的モデルとして参考となる活動である。

コラム 34　東京農業大学「食と農」の博物館

　日々口にする食品によって冒される健康の危険に対しての多くの人が不安を抱いている。市場原理と経済効率が優先される分業化社会の農業への不安も現実的な問題となった。

　そのように食の環境危機が高まる中、東京農業大学が「食と農」の博物館を 2004 年 4 月に開館した。日本の大学が「食と農」にテーマを絞った博物館を開設するのは初めてで、大学が蓄積した食と農に関する研究成果や情報を広く社会に還元するのがねらいである。

　博物館は、馬事公苑正門前のけやき広場横に立地し、東京農大 110 周年記念事業

の一環としてシンボリックな建物を目指し、外壁のデザインはケヤキ並木を意識した縦のラインが美しいルーバーで構成されている。1階は同大学のキャンパス・学部の紹介と生みの親である榎本武揚から始まる歴史を展示している。2階は、常設展示と企画展示から構成されている。全国の大学でも唯一、酒や醤油など醸造科学科のある大学らしく常設展示室の導入部は、酒蔵を持つ卒業生から提供された地酒300本が、乳白色の光壁から透過光の中に浮き上がり、日本の酒器250点は、障子をデザイン化した和風の空間に展示し、美しい質の高い展示を構成している。

　企画展は、産業界で活躍している多くの交友企業や研究者と研究協力企業とのコラボレーションによって、産業別、テーマ別に3か月ごとに新しい企画を提供している。オープニング企画展は「食と健康」が開催され、食の安全性について多方面から情報が集められた。

　同博物館には、専門性を生かし研究と実業をつなぎ、過去ではなく現在を展示し、未来を展望する生きた情報発信基地としての役割が求められる。そして、多様な研究を企画展に生かし、今日的な課題に取り組む新しい形の博物館としての活動が望まれている。地産地消やスローフードが注目され、農業の大切さや食の大切さを教育のなかで訴えようとする「食育」が注目される現在、同博物館の活動が期待される。

2．チルドレンズ・ミュージアム

　現在日本の博物館の数は8500館を超えるが、子どもに限定した、特に幼児を対象に含めた博物館の数は欧米に比べて少ない。子どものための展示施設として代表的なものは、青少年科学館、こども科学館の名称をつけた各地の科学館施設。また、「埼玉県こども動物自然公園」のように、小動物とふれあえる動物園施設。美術館においては「おかざき世界子ども美術博物館」のように、世界の児童絵画を集め、有名な画家や彫刻家の少年時代の作品を収集する、子ども専門の美術館として設けられたユニークなものもある。近年、新しく誕生する美術館には、横浜美術館の「子どものアトリエ」のように子どもを対象とした専用施設を設けるところも見られる。一方、厚生省の主導のもとにつくられた「こどもの城」（東京青山）のほか、児童センター（児童館）にこどもの城の名を付け、児童の健全育成の活動拠点として設けられた施設も誕生してい

る。これらのものも、いわば「子ども博物館」としての側面をもっているといえる。現在、子ども関連の博物館は約100館が数えられる。しかし、これらの子どもを対象とした国内の既存施設は、アメリカのチルドレンズ・ミュージアムに比べると内容面での広がりが少ないように思える。

図206 ボストン・チルドレンズ・ミュージアム 日本の七夕の展示

アメリカには子ども博物館の全国組織として、アメリカ青少年博物館協会（the American Association of Youth Museums：略称AAYM）がある。ここでは新しくつくる子ども博物館の設立の方法や運営方法などについて支援を行っている。子ども博物館の展示内容は、単に科学や美術にとどまらず、子どもの成長過程において必要とされるテーマを広範囲にとりあげ、体感的な展示を通して理解できるように構成されている。具体的なテーマは、「障害者の理解」「他民族の理解（国際理解）」「大人の職業の理解」「生命と死の理解」「都市の構造」「昔のくらし・田舎のくらし」「芸術」「自然の理解」「科学技術」などが展示され、子ども達の心を刺激するように工夫されている。たとえば、「大人の職業の理解」には、子どもの遊びのなかで行われる「ごっこ遊び」を通して学べるように、レジのあるスーパーマーケットを展示室に設け、レプリカの商品を並べて買物の体験をしたり、小児科の診療室をつくり医者が使う聴診器などで、遊びながら大人の世界を知る手がかりを与えている。また「障害者の理解」として、アイマスクをつけて盲目状態の体験や車椅子に乗って歩道と車道の段差を実際に体験させて、障害者への理解を深める展示を行っている。「国際理解」という視点では、他民族の生活を再現し、世界にはさまざまな文化があることを学べるように展示してある。ボストン・チルドレンズ・ミュージアム（Boston Children's Museum）では、日本の京都の町屋が展示室に再現され、タタミやコタツのある空間のなかで日本人の伝統

的なくらしが体験できるようになっている（図206）。

> **コラム35　デンバー子ども博物館**
> 　アメリカのデンバー子ども博物館は、1972年「こども博物館を作る会」が親と教師によって結成され、企業からの補助金4万ドルを受けて開館し、翌年には法人格を取得している。1980年前後までは苦しい経営が続いた様子だが、その後、財政的自立の体制を確立し、予算額の95％以上を自館開発事業で賄い、補助金に依存する必要がないところまでこぎ着けている。同館では家庭や子どものために教育的で参加体験の楽しめる博物館を運営しつつ、質のよい教育的な製品を生み出す「企業」でもあると自らを定義し運営を行っている。ミュージアムビジネスを展開する上において、博物館のサービスは、誰が必要とし、誰に受け入れられる素地があり、誰が効用を享受するかを考えることによりビジネスの機会を発見できると考え実行している。具体的な展開を見ると、保険会社を対象におまけの景品のひとつとして家の戸閉りや火気の注意、知らない人への対応など、家庭の安全活動を子どもに教える教育キットの製品化を図ったり、航空会社の家族連れ顧客を勧誘する道具として、航空会社の注文に応じ機内の座席のポケットにお持ち帰り自由の本を用意した。また、イベント企画で市内の百貨店やファミリーレストランに出資者になってもらって、子ども達が持ち込む壊れた玩具を治す「玩具病院」を開設するなどユニークな事業を展開している。一般的に、子ども博物館の職員は、実力のある教育専門家であるとアメリカ社会では評価されているので、そこに子ども博物館の名称がついていれば安全マークのような保証が教育面について表示されたことになるという点をうまく利用している。家庭を対象に販路を広げようとする企業は、この保証を得るためにお金を払い博物館が製作する製品を配布したり、博物館が企画する行事に出資したりすることによって、企業イメージをアップする役を博物館に果たしてもらうことになるのであろう。このような活動への是非については、議論もあるだろうが博物館活動本来の目的を見失うことなく、積極果敢にチャレンジしていく「デンバー子ども博物館」の実践はアメリカらしい文化的ビジネスとして興味深い。

図207　デンバー子ども博物館の外観

3. エコミュージアムと観光

エコミュージアムは、ある一定の地域全体で博物館活動を行うものである。日本では地域まるごと博物館、生活・環境博物館などとも呼ばれている。

エコミュージアムは町をまるごと博物館とし、町民は見学者（利用者）であると同時に出演者（提供者）でもある。従来の博物館が時計を止めた状態で展示し、ある特定の時代の自然や人間の営みを表現しているのに対し、エコミュージアムは生きている現実の地域社会を基盤としている。エコミュージアム活動は、まちづくりの基本でもある地域の個性（歴史・風土・自然・文化・産業）を見直し、地域を再評価して魅力を高め続ける未来に向けた運動である。

エコミュージアムにおいては、環境の保全と経済成長は矛盾するものではなく、また決して対立するものではないという考えが重要な視点である。つまり、生態系を踏まえ経済的にも豊かな地域社会の発展を目指そうとする思想である。都市が発展してきた過程には、自然を侵蝕し、大気や河川の汚染などの公害が大きな環境問題としてクローズアップされた時期があった。

フランスでエコミュージアムが生まれたのは、1960年代末、都市への人口と産業の集中というなかで、地方の過疎化対策や経済活動を地方へ分散化する国の地域政策、文化政策が背景にあった。そして1963年から始まった4週間のバカンス制度とも相まって地方で休暇を過ごす観光政策への取り組みもあり、農村に「地方自然公園」をつくり、その中に「エコミュージアム」をつくる考えからスタートした。

その後1972年、パリとリヨンの中間に位置するブルゴーニュ地方に誕生したクルゾー・モンソ・レ・ミーヌ・エコミュージアム（l'Écomusée de la Communauté urbaine Le Creusot-Montceau-les-Mines）は、上記公園型エコミュージアムとは異なる都市型エコミュージアムとして新しい展開を見せた。産業革命以降、鉄鋼業の町クルゾー、石炭業の町モンソ・レ・ミーヌという2つの町の住民が核となり、地域の工業遺産を保存し、未来につなげていこうと周辺の16のコミューン（市町村）が連合してエコミュージアムがつくられた

のである。所管が公園型エコミュージアムを管轄していた環境省から文化省に移管され、エコミュージアムは公園でなく博物館として公認されることになった。こうしてエコミュージアムは新しいタイプの博物館として市民権を得ていくことになる。

　そして、当該エコミュージアムの特筆すべきは、最初から住民を主体とするアソシアシオン博物館として自主的、民主的な運営形態をとったことである。アソシアシオンとは「二人またはそれ以上の複数人が、非営利的な目的をもって、知識や活動を永続的に共有する協約体」のことで、1901年に制定されたアソシアシオン法は、結成・活動の自由が大きく保証されている。（活動に公益性が認められれば補助金を得ることができる）運営などさまざまな新しい試みを意欲的に行ってきたことから「クルゾーの冒険」と呼ばれ、その後世界の多くのエコミュージアムに影響を与えた。

　本部機能を持つ「人と産業の博物館」は、18世紀後半にガラス工場として建てられ、1830年に鉄鋼業を興したシュナイダー兄弟の邸宅として利用されていたもので、1970年コミューンが購入して博物館に改修している。サテライトミュージアムの「運河の博物館」は、18世紀につくられた運河を保全する目的で、2つの展示館をもっている。一つは水門の管理人が住んでいた建物を利用したもので、運河の技術や運ばれた瓦や陶器の展示があり、1780年当時、運河を造るために詳細につくられた地形模型は時代を超えて運河に傾けた情熱が伝わってくる。もう一つの展示施設はかつて運行していた船を陸に揚げ船内を展示空間にしたものである。他の博物館と同様に施設・建物はコミューンが所有しており、運営は1990年に発足した「中央運河アソシアシオン」が行っている。このほか「学校の家博物館」、「修道院の博物館」、「瓦の博物館」があり互いに連携している。フランスのエコミュージアムは現在、3分の2以上がアソシアシオンに

図208　クルゾー・モンソ・レ・ミーヌ・エコミュージアム外観

よる運営であるが、ほとんどが博物館専門職であるコンセルバツール有資格者を配置しており、博物館専門職不在の多い日本のエコミュージアムとの違いを見せている。

　一方、観光面においては、我が国の成長産業として、ものづくり立国の先の展望で注目されるのは観光立国への変貌といわれる。今や世界は大交流時代に突入しており、それぞれの国は独自のアイデンティティ形成を打ち出して、いかに魅力ある観光地を形成するかが課題となっている。国内各地の観光地づくりにおいては、国際観光に打ち勝てる質の高さを備える必要が求められる。観光振興とは、従来の名所旧跡に頼るだけでなく、本来それぞれの地域が独自の輝きを高めることであり、観光地で成功しているスペインや南仏などを見ると、生きている生活文化そのものに魅力がある。そのようなところに人びとは引き寄せられ、人が集まることにより地域が活性化することが確認されている。従って観光に活路を見出そうとする各地域は、外国の人が来たいと思う前に、まず自分たちの生活に喜びを感じることが必要である。また、文化遺産のようなものと同時に、おのずと日本の気候や環境のなかで生み出された暮らしよさこそ海外との違いであり、そこに旅行者は魅力を感じるものである。これからはそれぞれの地域における暮らしよさと景観に磨きをかけることが大切になる。観光客のためでなく、自然とそこに住む人の暮らしがミックスした独自の文化に多くの観光客が共感・感動するという発想を持つことが重要とされる。

　観光とは実は自分たちのことを考えることであるともいわれる。地域固有のアイデンティティを掘り起こし、そこに住む人びとが自信を取り戻し、活性化する手法としてエコミュージアムの理念が示唆を与えてくれる。

　エコミュージアムの推進にあたっては計画段階から住民主体のワークショップをはじめ、住民と行政が一体となって将来の地域社会へのビジョンを描くことにより、観光地づくりと地域づくりを一体化させることができる。エコミュージアムには「記憶を前面に」という言葉が大切にされ、失われた記憶の再現を重視している。これまでの「ものづくり」中心の世界では、人は語らないでモノに語らせれば良かった。国際競争に勝つための大量生産に適した人は、できるだけ均質で平均値が高い方が良かった。しかし、人が直接競争する

ということになると、個人としての人の力が試されることになり、一人ひとりがより個性的で魅力的であることが重要な要素となってくる。エコミュージアムは人づくりへの役割が大きい。究極の観光資源は人であり、私たち一人ひとりがどれだけ魅力的になれるか、人づくりのソフトを充実させることこそ観光の将来を決定することになるだろう。

日本展示学会では「展示が町をつくる」というテーマで数回にわたり、各地でシンポジウムを行った。まちづくりにおいて、展示シナリオを考え、街のもつ歴史・文化を紡いで物語をつくり、街の中に展示して見せることで、深い共感や感動を与えることができる。また、ハードの面では、環境デザインとして、車道、歩道、バスストップなどの「交通系デザイン」、サイン、電話ボックス、交通標識などの「情報系デザイン」、街路灯や植え込み照明、演出照明などの「照明系デザイン」、モニュメントやオブジェ、植栽などの「美観演出系デザイン」解説や案内情報の「グラフィック系デザイン」の整備も重要である。展示ソフトとハードを統一して調和のとれた全体のデザインを考える必要がある。中身がよくても、美しい装いを持ち合わせないものは文化的といえない。まちづくりを文化の域にまで高めることが重要である。

コラム 36　朝日町エコミュージアム

　山形県朝日町では、1991年11月、エコミュージアムの考えを中心とした、まちづくりの基本構想がまとめられた。朝日町エコミュージアムは都市が歩んだ道とは異なった人間本来の生活環境づくりを目指す考えであり、町では「楽しい生活環境観」とエコミュージアムの考えを意訳し、まちづくりの基本理念に据えている。

　朝日町エコミュージアムは機能を3つに集約している。

　（1）町並みや建物、生活文化、自然環境を調査・研究するとともに、経済効果を無視したまちづくりは住民から支持されにくいので、農産物の品質改良や加工品の考案、土地の改良および開発、河川の有効利用など、地域の環境・特性を踏まえた調和と発展を図る研究所であるとする。

　（2）地域内に分布する自然遺産と文化遺産を保護し、乱開発から守る自然と文化の保護センターとする。

　（3）生涯学習活動や町民大学の場として活用され、生活や仕事のことについて学び、楽しく快適な生活や生産性向上を学ぶ学校であるとともに、未来予測の知識

図209　朝日町エコミュージアム「大沼の浮島」

を得る学校である。

　朝日町エコミュージアムは、中心となるコア（核）センター「創遊館」と衛星のように、町内に設定されるサテライトミュージアム、ディスカバリートレイル（発見の小径）から構成される。サテライトは、自然遺産である「朝日連峰」や「最上川流域」をはじめ、文化遺産では江戸中期の代表的な上層農家である「佐竹家住宅」、湖上に島が浮遊する神秘の沼として、古来より注目されてきた「大沼の浮島」などがある。また、ワイン醸造工場の「（有）朝日町ワイン」やリンゴ栽培の「果実流通センター」、さらにユニークなサテライトとして、のんびりぽかんとできる場の「のんぽかの森」、生命の根源である大気（空気）に感謝し、美しい地球を守り続けたいという願いをこめて新たに創られた「空気神社」などがある。地域住民と行政が一体となり、まちの発展と生活の向上を目指す山形県朝日町のエコミュージアムは、日本で最初にできたエコミュージアムであり、現在はNPO法人朝日町エコミュージアム協会が運営している。

コラム37　おうめまるごと博物館

　レトロな街づくりを進める青梅市・住江町商店街のあるJR青梅駅のホームに降り立つと、改札へ向かう地下通路の両サイドには昔懐かしい「鉄道員」「旅情」「終着駅」など6枚の大きな映画看板が出迎えてくれる。乗降客の増加をねらうJRが協力し、広告のスペースを割いて提供したものである。

　住江町商店街では、大正末期から昭和初期に創業した店舗が並び、昔ながらの街並みを活かし「博物館」をキーワードにした新しいまちづくりが進められている。織物業の衰退と共に活気を失った街が、東京都モデル商店街事業を受けて整備をスタートした。その一環として平成3年より「青梅アートフェスティバル」が行われ毎年続いている。そして、この事業から昭和の映画看板を製作する試みも始まったそうだ。看板を描くのは青梅で実際に絵筆を執っていた久保板観氏で、約250枚の看板が街を飾っている。そのような中から「昭和」というテーマが生まれた。

　1999年10月に「昭和レトロ商品博物館」が誕生した。昭和という時代に消費していたさまざまな商品が復元店舗の店先などに並ぶ。2003年10月には明るく元気な昭和の象徴である漫画家、赤塚不二夫さんの作品を展示する「青梅赤塚不二夫会

館」が完成した。2005年4月末には新たに「昭和幻燈館」が開館し、街中にかかる映画看板を手がける久保氏の映画看板ギャラリーと、造形作家の山本高樹氏による街並み模型の展示がなされている。ここでは薄れてきた昭和の心象風景がほのかな明かりのなかで浮かび上がり思い出の世界に誘う。この3館を中心にして、同商店街の38店舗を個々の「博物館」と見なして、町全体を博物館とす

図210　青梅赤塚不二夫会館と昭和レトロ商品博物館

る「おうめまるごと博物館」を2005年6月にスタートさせた。店頭には「博物館」の名前を記した手書きの木看板が掲げられ、店員が学芸員役として来客に観光案内や地域の話題などを提供する街ぐるみの博物館活動が行われている。「今までバラバラに進めてきたまちづくりのためのさまざまな企画が、エコミュージアムという言葉に出会って、統一された考えの下に進められるようになった」「街を少しでも元気に見せることが大事であり、シャッターが一つでも閉まっていると人は来ない。そういう意味では、まち全体が共有財産という意識で全員の力で表現していくことが大事である」と中心メンバーは語っていた。

　エコミュージアムの役割には、地域のなかで営まれ築いてきた生活環境を歴史、文化、自然、産業の視点から見つめ直し、その遺産に光をあて活かすアイディアを練り、衰退してしまった地域を蘇らせ振興させる大きな目的がある。そして地域の人びとが自信をもって未来を切り開いていくように支えることが、エコミュージアムの重要なコンセプトでもある。エコミュージアムには完成はないといわれるが、この事業が一過性で終わるのではなく継続し、まちづくりへの熱い思いとエネルギーを維持して、常に時代と共に変化して行く柔軟性が求められる。

コラム38　鳥羽エコミュージアム

　美しいリアス式海岸を持つ鳥羽市は、戦後、伊勢志摩国立公園の指定を受けて以来、三重県内有数の観光地として発展してきた。鳥羽市を訪れる観光客は年間500万人前後で推移しているが、近年では景気低迷、観光のあり方の多様化などにより観光客数は減少傾向にある。そのようななかで国土交通省の「観光ルネサンス事業」の支援を受け、鳥羽商工会議所の主導で新たな観光資源の掘り起こしや、観光地の魅力アップを図る取り組みが進んでいる。地域に残る自然、文化、歴史、産業を洗い出してストーリーを紡ぎだし、観光資源のネットワークを図り、テーマに基づい

図211　相差海女文化資料館外観

た見学コースを作って地域全体を活性化するエコミュージアムの手法に着目した取り組みである。

鳥羽商工会議所では、まず市域を文化的特色のある11の地区に分け、歴史や文化の掘り起こしを行い、それぞれの地域には、コンセプトを明快にしたテーマが設定されイメージを膨らませるアイディアと見せる技術の工夫という新しい光を当て、年々確実に事業や整備が進められている。これまでに鳥羽、浦村、石鏡、相差の4地区で取り組み、浦村地区では和歌の散策路の整備に向けて、自然の草花や海辺の景観を楽しむ歌碑が設置された。石鏡地区では海女が体を休める海女小屋と漁師が魚群の回遊を見張る魚見小屋の再現整備を行い、鳥羽地区では2002年8月に「鳥羽みなとまち文学館」が整備された。画家であり、風俗研究家でもあった岩田準一がその大半を過ごした家の保存とともに、内部では彼の絵画や研究資料、交流のあった江戸川乱歩や竹久夢二などとの書簡を展示している。

相差（おおさつ）地区には女性の願いなら必ず一つは叶えてくれるといわれる石神さんと呼ばれる小さな社がある。伝承や伝説も重要な遺産に位置づけるエコミュージアムの視点を大切にして鳥居も新しくされた。マラソン金メダリストの野口みずきさんが持ったというお守りを求めて全国から多くの女性が訪れている。2007年4月には「相差海女文化資料館」もオープンした。

国内で海女が最も多いのが三重県であり、鳥羽にはその半数を超える海女がいて、豊かな海の恵みと共に生活を営んできた。ここでは、妻として、母として、経済的にも家族の暮らしを支えた海女の暖かいこころが伝わってくる。まちを歩き人びとと語らい、海女小屋で海女さんの話を聞きながら、新鮮な魚貝類に舌鼓を打ち、地域の人びととの暮らしに共感する新しい観光の形態が生まれつつある。

4. サイトミュージアム（遺跡博物館）

サイトミュージアムは、遺跡保存と活用を目的とした博物館である。全国で大規模な開発が進められるようになった第1次全国総合開発計画（1962年）

や新全国総合開発計画（1969年）は、日本を高度経済成長に導いた一方で環境破壊の深刻化を招いた。そのようななかで数多くの遺跡が保存されることなく消滅したが、その反省から遺構の一部を現地保存し、資料館などを併設して遺跡保護を行う試みがなされるようになった。遺跡のある現地において、遺跡を保存・管理し、調査・研究を行い、出土品を公開・展示する現地保存型の博物館に位置づけられる。近年では、遺跡見学会、講演会、考古学講座、土器づくりや石器づくりなど、一般市民を対象とした体験学習の教育プログラムに工夫をこらした試みが実践されている。これらの活動を通じて文化財に対する愛護精神の高揚を養おうとするものである。

コラム39　大阪歴史博物館

　大阪城の南にある古代の都、難波宮跡の一角に2001年（平成13）11月、前身の大阪市立博物館の資料を受け継ぎ、新しい大阪歴史博物館が開館した。建物は博物館に珍しく地上13階、地下3階の高層建築で、7〜10階に常設展示室が設けられている。1階からエレベーターで一気に10階へ、そこは奈良時代後期の難波宮の大極殿内部が原寸大で復元されている。朱塗りの円柱が立ち並ぶ中に、礼服を着た官人たちの人形が儀式の始まりを待つかのように立っている。スクリーンには、コンピュータグラフィックスで再現された難波宮の儀式の様子が映し出される。映像が終わり、展示室を暗くしていたブラインドが上がるとガラス面が現れ、眼下に難波宮の史跡が広がり史跡全体が眺望でき感嘆の声が上がる演出である。立地を考え、建物の配置と展示の内容とを巧みに一致させた仕掛けになっている。

　同館は遺跡の上に博物館を造るという条件のなかで、遺跡を保存しながら建てた工法が注目される。遺構を潰して建物を造るのではなく、建物の中に地下1階にあたる遺構を抱え込み、遺構の下部全体に鉄製パイプを敷き詰めて、その下の地下2階・3階の工事を行う「パイプルーフ工法」と呼ばれる日本で初めての工法である。そして、この地下の場所も実物遺構を見せる展示空間として整備している。定期的に学芸員や博物館ボランティアによって見学ツアーが開催され、解説を受けながらガラスごしに、約1360年前の宮殿の柱跡を間近に見ることができる。遺跡を守り活かすサイトミュージアムとしてのあり方を示す博物館である。

コラム40　佐賀城本丸歴史館

　佐賀県立佐賀城本丸歴史館は、2004年（平成16）8月に開館した。お城を博物

館施設に利用して展示公開する例は全国に数多くあるが、畳敷きの本丸御殿内部を復元して展示空間にする事例は珍しい。歴史館は当初、鉄骨造で建てる予定だった。しかし、建設に先立って行った1993年の発掘調査で、2度の焼失を経て幕末に近い天保年間に再建された本丸御殿の礎石が良好な状態で見つかり、保存されていた設計図とも一致した。また、藩主鍋島直正の居室だった「御座間」は1920年（大正9）に佐賀城が解体されたときも取り壊されず、1958年に佐賀市内の公園に移築され、公民館として残っていた。これらの調査結果から計画は正確な位置に本丸御殿を復元する方向に転換したという。同館は「場所」「素材」「技術伝承」「デザイン」のそれぞれで本物を追求、歴史に忠実に復元することを目指して造られた「建物自体が展示物」である。復元の苦労は並大抵ではなかったようである。全国から多くの宮大工、左官、本ぶきの技術を知る瓦職人などの技術者が集まり、江戸時代の伝統工法を駆使してできあがった。これらの工法は天井、床の一部をガラス張りにして、太い梁と木組みの様子がわかるように展示されている。建物は遺構を破損しないように耐圧盤を敷きその上に建てられているが、一部本物の礎石を江戸時代当時の位置に見ることができる。復元された本丸御殿は延べ床面積約2500m^{2}で木造復元建物としては国内最大規模である。メインの展示室は、世継ぎのお披露目など藩の公式行事に使われた320畳の大広間「外御書院」があてられている。ここでは「幕末・維新期の佐賀―輝きの時代」を紹介する展示が構成されている。早くから西洋に目を向け、反射炉や蒸気船など外国の科学技術を取り入れ、日本の近代化の礎を築いた様子が模型や映像、実物資料で紹介されている。このほか明治維新にかけて活躍した江藤新平や大隈重信ら歴史に残る佐賀藩が輩出した100名を越す偉人達を紹介する「明治維新と佐賀の群像―開拓者の道」のコーナーやパソコンを使いクイズ形式で歴史を学ぶコーナーなどが設けられている。

このような条件下における注意点は、建物自身が文化財建造物と同等であり、最大の展示物であるところから、建物の内部意匠に配慮した展示デザインが求められる点である。背景となるべき「地」が主役であり「表」となるべき展示も主役であることから、この両方の調和をどのように融合するかが課題となる。デザイン検討の段階で復元空間に展示されるケースや展示台などの素材と色彩の相性についてのモデル検証を幾度も重ねたという。違和感を主張せず、可能な限り存

図212　佐賀城本丸歴史館　伝統的空間に埋没しないデザイン

在感を薄めるデザインにしながら、当時の什器のような誤解を与えないデザインを施しており、難しい課題に対応できている博物館といえよう。

5. 動物園

　動物園の起源は古く、古代エジプト王朝や古代中国の周の始まりの頃にさかのぼるとされるが、今日の基礎となったといわれる動物園は、ウィーンのシェーンブルン宮殿に動物のコレクションが造られ、1765年に一般の観覧も許され、近代動物園の最初のものとされている。

　日本においては、明治初年における博物館の創設と軌を一にしており、博物館の付属の動物園として開園したのが始まりで、現在の上野動物園となっている。

　近年、世界的にも動物園の役割や使命が変化してきており、環境教育、種の保存、調査研究の役割を果たすことが期待されるなど、より動物の環境面に重点を置いた取り組みが求められ、野生動物の生態に近い環境を再現した展示空間において観覧させる施設が増えている。現在、国内の動物園の多くは、リスタートプラン（中長期計画）を策定して、新しい時代の動物園のあり方を模索している。

　都立動物園では、「都立動物園マスタープラン」（2011年9月7日東京都建設局発表）を策定し、2011年度から2020年度までのおおむね10年間に向けた計画期間のなかでマスタープランを実行していくとしている。希少野生動物の保護繁殖を通じた「種の保存」とそれを支える「調査研究」において、日本の動物園、水族館の中心的役割を果たしており、近年では、開発の進展や乱獲などに加え、地球温暖化による気候変動も一因として、野生動物や地球環境の保全への取り組みを強化していく方針を打ち出している。

　都立動物園の目指す姿と取り組みの方向について、以下の3つの点があげられている。

　①飼育繁殖技術を世界に発信し、東京、日本そして世界の野生動物の保全に貢献する動物園を目指し、希少な野生動物の保護繁殖（生息域外保全）に積極

的に取り組んで、生息地の保全活動（生息域内保全）にも貢献し、希少動物の保護繁殖を推進、調査研究機能の充実、高度な飼育繁殖技術を継承・発展させる。

②動物や自然への感性を育み、人びとと野生動物との架け橋となる動物園を目指し、多様な野生動物の生態や生息地の環境を伝えることにより、来園者の興味や関心を引き起こしてゆく。野生動物の保全活動の理解者と担い手を育むために、生態や生息環境の再現展示や環境学習の場としての機能強化を行う。そして、都民等との協働事業を充実させ都立動物園において環境に配慮する。

③新たな魅力で観光に寄与し、多くの人が繰り返し訪れ、賑わいを創出する動物園を目指し、魅力溢れるサービスの提供により、都民だけでなく、世界中から多くの来園者を迎え、東京の観光や地域振興にも貢献するため、安全・安心、快適な空間の提供、ホスピタリティあふれるサービスの提供、観光の拠点づくりを目指す。

以下コラムで将来へ向けた計画が進められている実例について述べる。

コラム 41　新たな「京都市動物園構想」（2009 年 11 月策定）

京都市動物園は、新たな構想を策定し開園しながら段階的に整備していくとし、施設整備の対象は、「ヒトと動物」の安全面から見直し、安全面で課題のある施設や老朽化が進んだ施設を優先し、2009 年から 2015 年度の 7 年間で実施するスケジュールとなっている。第 1 の整備は、南側琵琶湖疏水側中央部分の遊休空間を利用したふれあい広場「おとぎの国」である（2011 年 7 月リニューアル完了）。整備の過程で市民ニーズの変化や、飼育、展示技術の進展も予想されるので、整備計画は一定期間ごとに見直しを行い、整備計画の見直しは、市民の意見を取り入れながら実施する方針を掲げている。展示コンセプトは、京都市動物園の特色を生かして、以下の 5 つの観点をあげている。

①環境エンリッチメントに配慮した展示

動物が心身ともに健康に暮らせるような飼育環境を提供するとともに、なぜ、そのような環境が必要なのかを理解できる展示とする（環境エンリッチメントとは、「動物福祉の立場から、飼育動物の幸福な暮らしを実現するための具体的な方策」を意味する。

②動物を間近で観察できる展示

動物の大きさやにおい、鳴き声など五感を実感し、いのちが感じられる場を提供する。動物の指や目などの形態や特徴、行動様式を間近で観察することで、「種」や「社会的な行動」の違いを学ぶ場を提供する。

③野生動物の保全につながる展示

絶滅の恐れのある動物の現状を紹介し、野生動物の保全の取り組みの重要性を学ぶ場を提供する。京都の多様な自然環境を学ぶ、体験の場を提供し、自然環境の情報提供、野生鳥獣の救護活動や自然環境の保全の重要性を紹介する。

④動物の知性を実感できる展示

京都大学の比較認知科学の研究を動物舎で行い、課題に取り組むチンパンジーの姿を間近で見ることができるようにする。アジアゾウのトレーニングの様子や比較認知科学の研究を紹介する（比較認知科学：京都大学霊長類研究所ではチンパンジーの知性を総合的に研究する「アイ・プロジェクト」が30年にわたって継続的に行われている）。サル類やクマ類の給餌装置等を工夫し、動物の飼育環境を充実させるとともに、動物がそれらを操作する学習能力の高さを紹介する。

⑤ヒトと動物の関係について学べる展示

家畜を通して「ヒトと動物の歴史」を学び、動物とのふれあいを通して、「いのちの尊さ」を学ぶ場を提供する。アジアゾウの使役動物としての歴史を紹介する。京都にいる野生動物を通して、民話の主人公、狩猟の対象、害獣など、「動物のさまざまな側面」を学ぶとともに、野生動物との共生に向けた取り組みを紹介する。

コラム42　インセクタリウム

インセクタリウム（昆虫館）は、ロンドン動物園内に1881年に開設したインセクト・ハウスに始まると言われている。その後、欧州で設立が相次ぎ、国内では昭和14年（1939）の宝塚昆虫館（現在は閉鎖）が最初であり、現在は40以上の昆虫館（園）が誕生している。以前は、ガラス越しに見る展示（テラリウム形式）が主流だったが、大規模温室に生息環境を再現し、その中を観覧者が歩く（パススルー形式）タイプが多くなっている。花が咲き乱れチョウが飛び交う中を人が通る形式を考案・実現させた最初の施設は、東京都多摩動物公園の昆虫園（1988年4月開設）である。その後、1989年10月に橿原市昆虫館、1990年11月に伊丹市昆虫館が同様の形式で相次いで開館している。多摩動物公園・昆虫生態園は、開園30年を記念して建設されたもので、建物は巨大なチョウの形をしており、その中央の大温室は四方をガラスで囲まれた空間に、林、洞窟、崖、渓流、池などが作られ昆虫のさまざまな生息環境を再現し、それぞれの場所に棲む昆虫を展示している。

チョウは「ツマベニチョウ」をはじめ14種700匹が花から花へ飛び交い、ガラ

図213　多摩動物公園の昆虫館

スを支える温室の柱や梁はすべて外側に出す構造にし、チョウが自由に飛べるように工夫しているのも特徴のひとつである。一年中チョウを飛ばすためには、さまざまな工夫が必要のようであり、病気に強い種類や大量に飼育できる展示種の選択や、幼虫を育てる設備や人材の確保、また、幼虫の食べる食草を栽培しなければならないなど、バックヤードの苦労も大きいと思われる。現在わかっている地球上の動物は100万種であるという。そのうち昆虫が70%を占め、しかも熱帯森林の調査が進めば3000万種以上になるとの推計もある。地球環境問題への関心が高まる今日、数億年の進化を経て繁栄している昆虫の巧妙な地球との付き合い方を学ぶとともに、環境保護の創造の場として、また市民の憩いの場としても機能している。

6. 水族館

　水の中に住む生物の飼育展示を教育活動とする博物館で、蒐集、保全、研究、教育を行う自然科学系博物館の一つである。世界初の水族館は、1853年にロンドン動物園のフィッシュ・ハウスとされる。この時はまだ循環濾過装置は備えていなかった。循環濾過装置を備えた最初の水族館は1860年ロンドンのアクリメーション・ガーデンだとされる。

　日本の水族館は1882年（明治15）上野動物園の「うをのぞき（観魚室）」が最初とされる。水族館は、過去、各種の博覧会において水族室が設けられ、博覧会と密接に関連しながら発展している。現在、日本には約100館程の水族館がある。

　水族館は、他の博物館の機能と同様に社会教育機関としての要素と行楽の対象としての娯楽的要素の両面をもっている。水族館教育は、生きている生物を通した教育を主体とし、水族動物の知識普及を目指す自然教育だけでなく、動物愛護の思想を育む情操教育、動物保護や自然環境保全を目指す環境教育が行

われている。自然破壊が進む現在、希少水族の保護増殖など自然保護に関する貢献が期待され、保護繁殖に力を注いでいる。

> **コラム43　ふくしま海洋科学館（アクアマリンふくしま）**
>
> 　福島県小名浜港の埠頭に2000年に誕生した「アクアマリンふくしま」は、開館後、さまざまな活動で話題を呼んでいる水族館である。
> 　大きなガラス面を持ち太陽光を取り入れた水族館は、国内では珍しく明るくて美しい水族館である。水槽は太陽光があたるとガラス面にコケが生えるため掃除に手間がかかるが、本来の自然の姿により近く魚にも良好な環境がつくられ、観覧者にとっても明るく、そのまま雄大な太平洋へつながる開放感がある。水族館の導入部は、普通は大きな水槽に回遊魚が泳いでいるのが一般的であるが、ここでは地球の誕生から始まり5億年前に脊柱をもった魚類が現れ、やがて、両生類が誕生したという生物の進化の展示で構成されている。また、四周を海に囲まれ海と親しんできた日本人のルーツをたどり、縄文時代から続く自然との共存や古代より海と共に生きてきた人びとの知恵や文化を伝える展示がなされ教育普及活動の柱にもなっている。
> 　それまでの動物園・水族館は、珍しい魚や美しい魚を数多く集めた展示が多かったが、ここではサンマのような生活に身近な魚を目玉展示として取り上げ、サンマの飼育に世界で初めて成功して常設展示にしている。また、唐揚げが美味しく地元ではメヒカリと呼ばれ底引き網に混じって捕獲される「アオメイソ」は、回遊や繁殖生態が謎であり、生態に関する調査研究が進められている。
> 　アクアマリンふくしまは、開館3周年（2003年）に環境水族館としてのあり方を改めて宣言した。単なる自然保護ではなく、利用まで含んだ人と自然の望ましい関係を「保全」という自然保護よりも大きな括りで捉えて展開している。食う、食われる食物連鎖の関係は、自然界の摂理であり、環境学習の重要なテーマにしなければならないが、それを実現しているところは少ない。
> 　「自然保護の啓蒙から一歩踏み出して自然の維持可能な利用、我々が他の命を頂戴して生きているということを実感できる教育を目指し、「命」を食べるところまで体験させる「命の教育」の場となるべきである。」と安部義孝館長は述べている。都会に限らず、地方でも自然と人間との距離が離れてしまった今日、自然体験を奪われた子ども達に、五感で自然を体験させ、命を考えさせることは、動物園・水族館・昆虫館という生き物を扱う飼育系博物館の使命であると明確にすることが重要であろう。

アクアマリンふくしまでは、多様な生物を育み、水質を浄化する天然の「環境浄化装置」とも呼ばれる人口干潟に親しんだり、子どもたちが生きた魚や貝などを自分で調理して食べたりできるコーナーも設けて「命の教育の実践」を学べる体験館を整備している。
　この水族館の環境メッセージは、循環型社会の担い手を育て、海洋資源の持続可能な利用である。水族館におけるイルカやシャチのショーのような擬人化した動物芸ではなく自然な行動の中に見られる興味深い行動を観察できることを目指しているという。さらなる活動を注目したい環境博物館である。

図214　アクアマリンふくしま外観

7. 植物園

　植物を生きた状態で収集・展示している博物館で、植物を対象として蒐集、保全、研究、教育を行う自然系博物館の一つである。植物園の始まりは、紀元前から美しい植物を集めて庭園があったとされるエジプト、あるいは、食用や薬用といった人びとに役立つ植物を栽培したとされる中国があげられる。
　中世ヨーロッパの修道院では、薬草園がつくられ植物学研究が始まったとされ、16〜18世紀には熱帯から持ち帰った有用植物を栽培研究する植物園が開設され、ヨーロッパの伝統的な植物園の基礎となっている。
　日本では奈良時代に最初の薬園がつくられ、江戸時代には小石川薬園に代表される薬園が各地につくられ、現在の植物園の基礎となった。日本には約150園の植物園がある。
　植物は酸素の発生、食べ物や医療原料、衣類や住宅材料など人類の生活基盤としての役割の他、多様なレクリエーションを提供し、四季折々の季節感あふれる豊かな潤いを人びとにもたらしてくれる。
　研究機関としての植物園における蒐集、保全の役割は、地球上の植物資源の保全活動が重要となっている。絶滅の危機に瀕している植物種の生息地維持、

保護栽培の活動推進が求められる。

コラム44　花と緑と自然の情報センター

　大阪市は、東住吉区の長居公園に、2001年（平成13）4月に「花と緑と自然の情報センター」を開館した。隣接する自然史博物館と長居植物園が連携してつくった施設で、それぞれが所管する「自然のエリア」と「花と緑のエリア」からできている。施設の基本コンセプトは、①大阪の自然のすべての情報を知ることができる場、②自然と人のかかわりを知ることができる場、③人びとのふれあいと緑の情報交流が活発に行われる場、④花と緑のひとづくり・まちづくりを推進する場の4つを掲げている。1990年に開催された国際花と緑の博覧会の基本理念である「自然と人間との共生」を継承する施設として、市民が花と緑に触れあうことにより、その大切さをより一層感じてもらい、大阪市が進める花と緑のまちづくりを支援し、自然の大切さを知ることで、身近な自然と共生することを理解してもらうことを目的としている。

　「自然のエリア」は、自然史博物館の管理のもと博物館本館のイントロとしての役割、並びに大阪の自然を知るビジターセンターとしての機能を有している。ここでは、常設展示として「ネイチャースクエア・大阪の自然誌」、気軽に相談できる窓口とミュージアム・ショップを兼ねた「ミュージアムサービス」、展示を見てさらに深く知りたい調べたい人への対応として「自然の情報コーナー」が1階に設けられている。2階には「ネイチャーホール」があり、特別展示やイベントが開催される。常設展示は、今日の大阪府全域の自然を具体的に展示しており、「山地」ゾーンは北摂から生駒、和泉へと山ごとに自然の特色を解説している。「丘陵」、「平野」ゾーンは、生き物の棲む場所をタイプ別に紹介。この他、「水辺」のコーナー、展示室の中央には大阪湾へ注ぐ「淀川」が紹介されている。この展示室では、それぞれのコーナーにおいて自然観察のため、詳細に調べられた案内地図が配置され、自然への誘いが行われている。さらにミュージアム・ショップでは、展示室には出ていない地図が北大阪編と南大阪編で用意され、それぞれ自然観察向きのコース18か所をわかりやすく紹介している。観光ガイドとは一味違う観察の視

図215　花と緑と自然の情報センターの展示室

点を専門的であるがわかりやすく解説する「自然観察地図」は、生涯学習のためのツールとしても役立つ企画である。

「花と緑のエリア」の1階には、四季折々の風景をハイビジョンで紹介するホールや花と緑に関する相談コーナー、セミナールーム、植物の専門書を充実させた図書コーナーを配置するほか、植物園が見通せる喫茶コーナーなどがある。2階のアトリウムは、生きた植物を使っての展覧会を季節に応じて楽しめるものであり、園芸のノウハウを学んで、自分で緑を育てられる市民をより多く育てようというねらいがある。この事例のように施設同士が連携して、今日的な課題に積極的に取り組む普及・啓蒙活動の事例は、新しい博物館のかたちとして利用者にとって望まれる姿である。

8. 野外博物館

野外博物館の代表的施設は、スウェーデンのスカンセン野外博物館である。このスカンセンは1891年、世界で最初にオープンした野外博物館であり、日本にも大きな影響を与えた。国内では1960年以降「川崎市立日本民家園」「博物館明治村」「北海道開拓の村」などが各地に設立され、その数も増えている。野外博物館には、現地の町並や民家をそのまま保存する現地保存型野外博物館と建物を各地から集め移築・復元する収集保存型野外博物館がある。エコミュージアムなどは現地保存型である。

収集保存型の事例としては「千葉県立房総のむら」が1986年4月に開館している（図216）。千葉県北部、栄町の北総丘陵地に面積約20 haの広さで運営され、周辺環境はアカマツ林を主体とした約600種の植物が認められる恵まれた環境である。江戸時代後期から明治時代初期にかけて営まれた、房総地域の生活を体験する博物館である。商家16棟、農家3棟、武家屋敷、農村歌舞伎舞台、水車小屋などがある。これらの建物は、当

図216 千葉県立房総のむら

時の外観や機能を忠実に再現し、耐久性や安全性などに現代技術の優れた面を採り入れた建物となっている。導入部には成田山新勝寺の門前の旅館外観を再現したインフォメーション棟（総合案内所）がある。また、管理棟は明治初期の県会議事場をモデルに建てられている。それぞれの建物や周辺において伝統工芸、郷土料理づくり、農作業、年中行事など当時の暮らしぶりに直に触れることができるのが、他の野外博物館に比べ際立った特色である。これらの体験できる「演目」の数は140種にも及び、毎日さまざまな催しが展開されている。なかでも、めし屋、そば屋、川魚屋では、その店で作る料理を、また、菓子屋では季節の和菓子などを食体験させるユニークなものもある。体験の他にも5月の連休時には、人びとの行き交う往来や社寺の境内などで演じられた、猿まわし、曲独楽、居合い抜きなどの大道芸も行われている。また、秋には農村歌舞伎舞台のあるお祭り広場で県内に伝わる民俗芸能が上演されている。

コラム45　三州足助屋敷

　足助町（現在の豊田市）は古くから、海から山へ塩を運ぶ街道沿いに発展した町で、飯田街道の宿場町として栄えたところである。町並みの保存整備も積極的に行われ、この町並み保存の活動をきっかけとして、足助の生活や産業の将来への関心が高まり、足助に昔から伝わる仕事や生活を保存しようという考えが生まれた。竹細工、木地ろくろ、紙漉き、炭焼きなどの技術を職人が再現し伝えていく、「生きた博物館」として、1980年（昭和55）に「三州足助屋敷」はオープンしている。物は使われてこそ生きる、そして物を作る過程を知ることが大切であるという考えから足助屋敷の構想がまとまった。スタート時の問題は人材であった。足助町にあった十種以上にのぼる手仕事の職人たちは、時代の変化で働く場を失い、皆高齢者となり、あるものは工場で働き、あるものは引退していた。始めはしぶっていたお年寄りたちも、熱心な説得に動かされ、収入を得る仕事として年寄りの自立を促し、共に生きる方向を目指す活動が生まれ、足助屋敷は思いがけず「真の老人福祉とは何か」を考えさせる端緒と

図217　三州足助屋敷の職人

なった（図217）。ここは、よく行われる民家移築の方法はとらず、地元の木材を使い、地元の職人の手で新しく作られた施設である。

コラム46　日本大正村

　岐阜県明智町（現在の恵那市）にある「日本大正村」は、「明治村」（愛知県犬山市）のような全国から明治時代の建物を集めた収集保存型野外博物館ではなく、町の中にかつての蚕糸を地場産業とした頃の姿そのままに、大正時代のたたずまいを残す現地保存型野外博物館である。訪れた観光客に現在の町を散策しながら、大正文化の息吹を感じてもらおうというもので、町ぐるみ大正博物館である。日本大正村の主な文化施設としては、明治末期の木造4階建て「銀行蔵」を利用した「日本大正村資料館」、大正時代のモダンな建物として残る郵便局を用いた「逓信資料館」に、明治・大正から昭和初期の昔懐かしい遊び道具を展示した「おもちゃ資料館」、多くの文化人に親しまれた京都の「カフェ天久」が店を閉じるにあたり、内装、什器などの一切を大正村に寄託し復元した「天久資料館」などがある。また、1906年（明治39）に建てられた町役場庁舎は、今「日本大正村役場」として生まれかわり、大正村のインフォメーションセンターの機能とお茶のサービスのある無料休憩所として利用されている。その他に、いまなお大正時代のたたずまいを色濃く残す路地や、生糸生産の盛んな頃、遊興の場所だった「うかれ横丁」、新しく造られた「大正ロマン館」などがある。日本大正村の大きな特色は、住民主導の町おこしである。そして、その中心はボランティア活動にある。町の有志がボランティアとして、町の活性化に取り組み、行政がタイアップしている。開村当時は案内コースも説明板もないなかで、町の人たちがボランティアで町内の建物を説明し案内するという形でスタートしたことが、非常に好感を呼び評判になった。日本大正村が全国的に有名になったきっかけは、大正生まれの女優高峰三枝子さんを初代村長に、また東京大正会を通じて、春日野清隆日本相撲協会理事長（当時）を村議会議長に迎えたことである。これらの著名人を迎えた日本大正村は、いち早く有名になり、全国から村にやってくる観光客は年ごとに増えたという。このような増加傾向によって、町民ボランティア活動は一段と弾みがつき、地元の商工会やライオンズクラブ、婦人会、老人クラブ、身障者会など18に及ぶ各種団体がボランティ

図218　日本大正村「日本大正村役場」

ア活動を支えた。「大正村の企画運営は住民がやり、施設整備は町役場が受け持つという役割分担はこれからも崩さない方がいい。主役はあくまで住民であり、行政は黒子に徹した方が町は活気づく」という設立時の首長の考えは重要な観点である。

コラム 47　鉄の歴史村

　島根県出雲地方は、古来から「たたら」と呼ばれる伝統技法による製鉄が盛んに行われたところである。この地は 19 世紀の後半、西洋より近代製鉄技術が輸入されるまで、たたら製鉄による日本の和鉄生産地として栄えてきた。島根の山深い鄙の里吉田村（現在の雲南市）に、国の重要有形民俗文化財の指定を受けた永代たたら・菅谷高殿が今も保存されている（図 219）。

　この吉田村では鉄を地域おこしの核に据え、昭和 61 年「鉄の歴史村」を宣言した。活動は「公益財団法人鉄の歴史村地域振興事業団」と第三セクター「株式会社吉田ふるさと村」とが一体になって地域の活性化に取り組んでいる。鉄の歴史村は全体が博物館である。豊かな自然環境と貴重な歴史遺産を保護し、活用するために、鉄の歴史博物館、鉄の未来科学館、菅谷たたら山内、オープンエアミュージアムなどが設置されている。

　吉田村では世界と対話できる地域を目指し、「産業は文化という背景を持たないと世界に通じない」という考えから、「人間と鉄」というシンポジウムが毎年開かれ、パネラーには内外の専門家を招き、鉄についての熱い議論がなされた。シンポジウムを重ねることによって知識を集積し、鉄に関する文化・産業・技術の情報コードをつくっている。シンポジウムはレベルの高い専門的な話であるが、時間をかけて解読していき、知識力を高めていくとしている。そのためには人事異動のある行政内では担当者が変わるので集積ができない。財団などがそれを担っていくことが重要である。まさに地域づくりは終わりのない継続事業であり、この積み重ねから新しい発見をしていき、未来への展望が開けていくのであろう。鉄の歴史村では、イギリスの「アイアンブリッジ・ゴージ・ミュージアム（Ironbridge Gorge Museum）財団」との国際交流やドイツ、ノルウェーといった世界の鉄の歴史や文化を持つ国々との交流を通し鉄の文化のネットワークを図っている。

図 219　鉄の歴史村「菅谷高殿」

9. 小さな博物館

　博物館の多くは、国や自治体による設立の公立博物館、私立では事業の成功者や資産家が高価なコレクションをベースに創られる博物館が一般的である。しかし、この30年程を振り返ると、さまざまな企業、団体、個人が長い間蒐集した趣味のコレクションをもとに小さな博物館として開設する例が数多く見られる。

　徳島市内では、1988年（昭和63）4月「阿波こくふ街角博物館」が開館した。国府町はその名のとおり、かつては阿波国の中心であり、多くの伝統産業を残す歴史の町である。国府町商工会では、町内13か所の建物を保存し、古くからの工場や民家をそれぞれ「阿波の藍染しじら館」「阿波木偶館」「阿波の名石・ひょうたん館」「天狗久資料館」などと名づけて、地域住民の手によって文化と産業の振興を図る目的で「小さな博物館」が創られている。

　商店主がつくった博物館としては、東京浅草に祭具メーカー宮本卯之助商店が「太鼓館」（1988年5月開館）を創り、世界各国から蒐集してきた太鼓と参考資料を保存し広く一般公開する目的で設立して今年で25年を迎えており収蔵品は約900点にのぼるという。また、名古屋には会社員が始めた「日本独楽博物館」（1988年6月開館）がある。海外の60数か国の独楽を含め、日本各地の独楽が約2万点にも及ぶ博物館になっている。

　美術館を見ると岡谷市に「小さな絵本美術館」がある。創作絵本作家さとうわきこが自宅につくったのが始まりで、現在は岡谷市に本館（1990年11月開館）、原村に八ヶ岳館（1997年7月開館）を分館として設立している。糸魚川淳二氏は、小さな博物館、それも個人の「わたくし博物館をつくりませんか」と提案して「ミニウム（ミニミュージアム）のすすめ」を呼びかけて、自らも30年来のコレクションの石版画をもとにして1984年4月に「半原版画館」を瑞浪市に開設している。

　何かのきっかけで集め始めた「趣味」のコレクションが長い間に蓄積され、いつの間にか博物館のベースになる。そして、集まった資料を調査・研究して公開の場を持てば、小さな博物館の誕生となる。小さくても中身が充実して、

いきいきとした活動が行われたら立派な博物館である。

コラム 48　墨田区小さな博物館づくり

　国技館のある町として知られる墨田区は、伝統的に地場産業の盛んな町であり、素晴らしい腕をもつ昔気質の親方や職人さんが働いている。これらの産業と産物が正当な評価を受けていないところから、墨田区は区全体の活性化を図るまちづくり運動として「3Mキャンペーン」活動を行っている。その意味は、①小さな博物館づくり（ミュージアム運動）②技術者の育成と顕彰（マイスター運動）③直営店の設置（モデルショップ）である。現在、墨田区の小さな博物館は26館である。

　小さな博物館づくりは、墨田区を象徴する産業・文化に関連した展示を行うもので、場所は工場や民家の一部に設けている。区は継続して5年以上、一般公開が可能なことや展示の主たる目的が製品の宣伝・営利等でないことなどを条件に一館につき50万円の範囲で援助し、また月額2万円の支援を行うほか、全館共通の看板・チラシ等を提供している。たとえば、「ちいさな硝子の本の博物館」は工場に隣接する倉庫を改装して、全体で約20 m^2 の中にガラスの専門書から、ガラスに関連する美術書を約740冊所蔵し、自由に開放している。一階がモデルショップ、二階に博物館とギャラリーが設けられている。ここでは工場見学の案内もしてくれる。見学者の中には是非ここで働きたいという思わぬ申し出があったりして、それまでの町工場の閉鎖的イメージから、外に向けて開いた窓口としての意義は大きいと評価されている。「羽子板資料館」は明治以降の羽子板を全国から集めて展示してある（図220）。ご主人の西山さんは墨田マイスターに認定された一人で、開設の動機は「今の日本人は何でも金で買えるようになり、子ども達は何も作れなくなった。昔から伝わる手仕事を教えることで、心を育てたい」という。「小林人形資料館」は墨田区東部、荒川河畔に幕末から伝わる人形づくりの伝統を守りつづけている老舗だ。安政元年にできた墨田区内で最も古い民家が仕事場で隣に建つ2階建ての家屋（約40坪）が資料館になっている。1階がモデルショップで、2階には江戸時代から伝わる顔や手などの型や人形づくりの基本が紹介されている。また1927年にアメリカから贈られた「青い目の人形」のお返しとして送られた「や

図220　墨田区小さな博物館「羽子板資料館」

まと人形」、特攻隊の若者達と一緒に散華した「ほまれ人形」、戦後の管理貿易第一号として欧米に輸出された人形など、歴史の証言者として時代を見つめてきた人形達がずらりと展示されている。これらの小さな博物館づくりは、博物館の原点である。身近で親しまれる博物館として、継続的に運営されることが望まれる。

10. 展示とミュージアムサービス

　欧米の博物館は、レジャー・レクリエーションとしての側面が充実しており、内容の豊かな商品を提供するミュージアム・ショップにも力を注いでいる。グレードの高いレプリカや宝石類から、美術品などをもとにネクタイやスカーフなどにデザインされたすてきな商品、アレンジされたちょっと面白い、奇をてらった日用品まで、その守備範囲は広く、誕生祝いや、クリスマス・プレゼント等にも利用されている。欧米のような充実したミュージアム・ショップがあれば、博物館に行く別な楽しみもでてくるだろう。博物館の展示を見た後で関心を持ったテーマや展示物の情報を得たいという気持ちは、ごく自然なことであり、むしろ積極的に博物館の中で利用者の利便を図るミュージアムサービスのかたちですすめられることが望まれる。博物館で開発された商品や情報が、自分達の生活の中に溶け込んでこそ、親しまれる存在へ寄与するところも多い。アメリカにはミュージアムストア協会（Museum Store Association）という団体があり、世界の多くの博物館が加盟している。協会の主な目的は、ミュージアム・ショップのネットワークを図り、管理運営、商品開発などの情報交換を行うことにあり、月刊誌が発行されている。また、ショップの商行為に行き過ぎがないように、いくつかの歯止めも行っている。まず、ミュージアム・ショップは、ミュージアムが本来持つ教育的側面の延長上にあることを明確にし、教育的・芸術的な目標と収入源としての利益を一致させることを掲げ、ミュージアム・ショップの商品提供は質と信頼性を保証する義務を負うように会員に指導している。さらに、倫理規定を定め、文化的遺産や自然保護の観点から実物資料の売買を禁じ、複製品や複製画、模造品が本物と混乱しないように定め、自らの母体組織であるミュージアムのコレクションの売

却の禁止や特に影響されやすい子ども達のための商品開発の規制等を行っている。これらの制約があるにもかかわらず、欧米のミュージアム・ショップの魅力は何といってもユニークな商品であり、豊富な品数にあるといえる。絵ハガキや図録程度のものしかない日本に比べ、圧倒的な商品開発で、メトロポリタン美術館（図221）やスミソニアン博物館は小規模のデパート並みの売り上げがある。アメリカではミュージアム・ショップの利益に対して免税を行っており、それも日本と異なる点である。アメリカ国税局の判断は博物館の所蔵品や展示品に関連したものであり、かつその商品が博物館本来の美術的・文化的・教育的目的に関連のあるものであれば原則として免税となり、それは博物館の運営に寄与している。

図221　子ども専用のミュージアム・ショップ（メトロポリタン美術館）

コラム49　東京国立博物館

　東京国立博物館は、1872年（明治5）に開館し、1889年（明治22）宮内省管轄になり、1947年（昭和22）旧文部省に再び移管された。そして2001年（平成13）には独立行政法人国立博物館として新たなスタートをした歴史を持ち、名実共に日本を代表する博物館である。現在、独立行政法人下において事業計画は、厳しい自己評価を行いながら、新たなチャレンジが進められている。

　2004年（平成16）に本館（日本ギャラリー）の全面改装が行われたほか、交流事業も活発になった。欧米で盛んに行われているように、展示室を企業が借り、美術品を鑑賞しながらパーティー会場として利用できるようにもなっている。2013年3月に本館地下にあったミュージアム・ショップは1階に移転し、東洋館1階にも設けられ充実したショップを構成している。

　また、ミュージアムサービスにおいてショップとともに近年重視される味覚の満足についても充実してきた。法隆寺宝物館1階には「ホテルオークラガーデンテラス」が、東洋館別棟1階には「ホテルオークラレストランゆりの木」があり、食事だけの希望者も入口で手続きをすれば入館できる仕組みになっている。この他にも東洋館の外に「アジアンカフェ」をオープンさせたり、期間限定で野外にテントを

張って「甘味処」をオープンしたりと新しい取り組みを積極的に行っている。博物館のできることを細かく見直し、理念を明確にして守るべき部分と自由度を備えた仕組みをつくることで来館者満足度は高まる。

　期間限定ではあったが、敷地内に映画館「一角座」をオープンさせたこともあった。独立行政法人になって、敷地やホールを自由に貸すことができるようになった背景のなかで、未来館者に対して博物館を知ってもらうきっかけをつくることにもなり、新しい文化・芸術性の高い作品を上映することで話題性も高くなることをねらうマーケティングの位置づけとしても評価できる。

　さまざまなミュージアムサービスを通して多くの来館者を呼び込み、一過性の訪問からリピーター確保をどのように工夫するかといった課題を解決する努力が続けられている。

参考文献

新井重三　1982『博物館学講座7 展示と展示法』雄山閣。
糸魚川淳二　2009「瑞浪市化石博物館研究報告書」No. 35、2月号。
糸魚川淳二　2010「包括的博物館—21世紀の博物館像」『瑞浪市化石博物館研究報告』No. 36、2月号、91-126頁。
牛窪　正　1996「展示と映像技術」『展示学事典』ぎょうせい、104頁。
川合　剛　2010「展示、その言葉の起源、意味の起源」『展示論』雄山閣、17頁。
京都市動物園編　2009『共汗でつくる新「京都市動物園構想」』報告書。
倉田公裕　1979『博物館学』東京堂出版、54-79頁。
倉田公裕　1988『博物館の風景』六興出版、90頁。
倉田公裕　1995「博物館を再考する」『ミュージアム・データ』29号、丹青研究所。
倉田公裕　1997『MUSEUM EXHIBITION』丹青研究所。
倉田公裕・矢島國雄　1993「博物館展示評価の基礎的研究」『明治大学人文科学研究所紀要第33冊』273頁。
栗原祐司　2010「展示と法令」『展示論』雄山閣、50頁。
佐々木朝登　1990『博物館ハンドブック』雄山閣。
里見親幸　1990〜2008「ミュージアム・ナウ」『週刊教育資料』No. 203, 211, 247, 259, 267, 275, 279, 283, 307, 323, 339, 363, 367, 371, 375, 390, 397, 416, 420, 427, 440, 450, 465, 541, 549, 553, 561, 594, 667, 670, 674, 689, 696, 712, 749, 753, 757, 764, 787, 794, 828, 847, 850, 858, 869, 877, 880, 884, 888, 906, 910, 918, 929, 933, 936, 940, 959, 963, 970, 974, 978, 981, 985, 989, 992, 996, 1004, 1011, 1015。
里見親幸　1992『ミュージアム＆アミューズメントII 空間の系譜』六耀社、103頁。
里見親幸　1994「展示の施設と方法」『美術工芸品の保存と保管』フジテクノシステム出版、288-295頁。
里見親幸　2010「展示学」『日本展示学会』No. 48、44-51頁。
里見親幸　2011「南山大学照明実験及博物館照明の事例考察」『学術資料の文化資源化』南山大学人類学博物館。
里見親幸　2012「博物館における展示の評価」『博物館学II』学文社、109-123頁。
全日本博物館学会編　2011『博物館学事典』雄山閣。
竹中壮一郎　1981『概説日本ディスプレイ史「創」丹青社の歩み』凸版印刷。
ディーン、デビッド（北里桂一監訳、山地秀俊・山地有喜子訳）2004『美術館・博物館の

展示』丸善。
登石健三　1990『文化財・保存科学の原理』丹青社。
東京都建設局公園緑地部計画課編　2011『都立動物園マスタープラン』報告書（9月）。
西野嘉章　2000「博物館を評価する視点」『琵琶湖博物館研究調査報告号』17号、143-144頁。
日本科学技術振興財団・科学技術館　1987「展示評価の調査・研究」丹青総合研究所。
布谷知夫　2004『施策としての博物館の実践的評価』雄山閣、14-15頁。
ピンク、ダニエル　2006『ハイ・コンセプト』三笠書房。
フォーク、J. H.・ディアーキング、L. D.（高橋順一訳）1996『博物館体験』雄山閣。
本田光子　2010『市民と共にミュージアム IPM 報告書』平成21年文化庁美術館・博物館活動基盤整備支援事業、22頁。
マイルズ、R. S.（中山邦紀訳）1986『展示デザインの原理』丹青社。
諸岡博熊　1995『企業博物館』東京堂出版。
鷲塚泰光（監修指導）　1987『美術工芸品の取扱い方』丹青総合研究所。
Bertram, Brian 1982 *Display Technology For Small Museums*, Museums Association of Australia（N. S. W.）.
Loomis, R. J. 1987 *Museum Visitor Evaluation*, American Association for State and Local History.
Panero, Julius and Martin Zelnik 1979 *Human Dimension & Interior Space*, Watson-Guptill Publication, New York, pp. 286-287.
Screven, C. G. 1976 "Exhibit Evaluation: A Goal-Referenced Approach", *Curator*, 19/4. 1976, Museum Journal, pp. 271-290.

おわりに

　博物館展示の分野に身を置き40数年を経過した。その間、全国各地の博物館展示の構想、計画、設計、制作の現場に携わり、その数は大小合わせると約300館に上る。また、国内外の新しいミュージアム展示事例調査の機会にも恵まれ、事例写真は1万点を超える数になっている。これまで学んできた展示に関する考え方や技術を何らかのかたちに残して役立てたいと願っていた。

　そしてこのたび、長年に渡り御昵懇をいただいている法政大学キャリアデザイン学部長、金山喜昭教授を介して、出版の機会を与えていただいたことに深く感謝申し上げる。

　本書は、自らが展示を創造する現場で経験した多くの実例を中心にまとめた。また、教育公論社発行の『週刊教育資料』に「ミュージアム・ナウ」として1990年3月〜2008年3月までの19年間、掲載してきた記事に、修正加筆したものを含めて記述した。長期間にわたりミュージアムの現状を書く機会をいただいた教育公論社、ならびに展示写真の掲載に関して許可をいただいた多くの博物館にお礼を申し上げる。

　原稿執筆にあたり多くの方々にお世話になった。特に、倉田公裕先生、糸魚川淳二先生には、毎年2・3か月に1度は鎌倉ミーティングを開き、3人で博物館について議論し、倉田先生には展示の哲学的部分である「思想や感性」を、糸魚川先生には実証派としての「理性」をご教示いただいている。今回の出版においても多くの示唆を頂戴し、私にとって両先生の温かい励ましなくして本書の実現はなかったと思っている。また、丹青研究所の石川貴敏氏や元同僚の仲間たちには、図の協力や貴重な意見を賜った。さらに編集に際して同成社の佐藤涼子社長、三浦彩子さんには一方ならず御苦労をおかけした。この場をお借りして心よりお礼を申し上げたい。

　　　2014年3月

　　　　　　　　　　　　　　　　　　　　　　　　　　　里見親幸

博物館展示の理論と実践
はくぶつかんてんじ　りろん　じっせん

■著者略歴■

里見親幸（さとみちかゆき）

1946 年、鹿児島県に生まれる。
明治大学文学部卒業。
株式会社丹青社文化空間事業部デザインセンター長、株式会社丹青研究所代表取締役社長を歴任。
現在、ミューゼオグラフィー研究所主宰、常磐大学大学院兼任教授、法政大学非常勤講師、南山大学非常勤講師。

主要論著
「ミュージアム・ナウ」『週刊教育資料』（教育公論社、1990〜2008 年）、『美術工芸品の保存と保管』（共著、フジテクノシステム出版、1994 年）、「博物館の展示を考える」『瑞浪市化石博物館研究報告書』No.35（2009 年）、「南山大学照明実験及び博物館照明の事例考察」南山大学人類学博物館オープンリサーチセンター研究報告第 1 冊（2011 年 3 月）

2014 年 3 月 10 日　初版発行
2020 年 2 月 29 日　第 2 刷

著　者　里　見　親　幸
発行者　山　脇　由紀子
印　刷　藤原印刷㈱
製　本　協栄製本㈱

発行所　東京都千代田区飯田橋 4-4-8
　　　　（〒102-0072）東京中央ビル　　㈱同成社
　　　　TEL 03-3239-1467　振替 00140-0-20618

ⓒSatomi Chikayuki 2014. Printed in Japan
ISBN 978-4-88621-654-0 C3030

新博物館学
―これからの博物館経営―

小林　克著　　　　　　　　　　　A5判・226頁・本体2800円

博物館学芸員としての長年の経験を踏まえて、現在の博物館が抱える諸課題を提示し、時代のニーズに合う博物館経営の姿を具体的に描き出す。

●本書の目次●

第Ⅰ章　博物館の現状と課題
博物館の歴史と日本の博物館／さまざまな博物館／博物館の問題点と課題

第Ⅱ章　博物館を作る
博物館作りの始まり／博物館の施設と組織

第Ⅲ章　博物館を運営する
資料／展示を作る―常設展の変身―／調査・研究／広報／教育普及事業

第Ⅳ章　博物館事業と自立的経営
予算と事業、そして決算／企画展／付帯事業の展開／評価する

第Ⅴ章　連携する
博物館を支える組織／地域と共に／人々と向き合う／学芸員の連携／コラボレーション

第Ⅵ章　これからの博物館―運営から経営へ―
博物館の経営／フォーメーション―動ける組織を作る―／これからの博物館

新編博物館概論

鷹野光行・西源二郎・山田英徳・米田耕司編

A5判・306頁・本体3000円

博物館の歴史と現状について、地域・ジャンル別に丁寧に分析。博物館学の目的や方法、学芸員の役割に関する論考も盛り込んだ、博物館学教科書の決定版。長年、現場で活躍してきた学芸員や、教職の経験豊かな研究者が、平易な言葉でわかりやすく記す。

●本書の目次●

第1章　博物館学とは何か［青木豊］
　（博物館学の目的と方法／博物館学の歴史）

第2章　博物館の定義と機能［鷹野光行］
　（博物館の定義／博物館の種類／博物館の目的と機能）

第3章　博物館の歴史と現状
　（世界の博物館［吉荒夕記、菅井薫、安井亮ほか］／日本の博物館の歴史と現状［椎名仙卓］／館種別博物館［金山喜昭、前川公秀、小原巌ほか］）

第4章　学芸員の役割［米田耕司］

付　録　博物館関係法令

公立博物館をNPOに任せたら
―市民・自治体・地域の連携―

金山喜昭著　　　　　　　　　　　A5判・192頁・本体1900円

財政難の地方自治体が苦悩する中、指定管理者制度を利用し画期的な成果を上げた博物館を通して、市民と自治体が協働する博物館運営を紹介。

●本書の主な目次●
- 第1章　千葉県初の登録博物館の誕生
- 第2章　博物館の再出発
- 第3章　キャリアデザインという考え方
- 第4章　博物館と市民のキャリアデザイン
- 第5章　利用者の満足度が高い博物館を目指す
- 第6章　博物館機能の強化をはかる
- 第7章　市民のキャリアデザイン
- 第8章　市民のキャリアを支援する学芸員の役割
- 第9章　博物館を「評価」する
- 第10章　「政策連携」による成果と展望
- 第11章　他の公立博物館と経営効率を比較する

博物館で学ぶ

G・E・ハイン著／鷹野光行監訳　　　A5判・298頁・本体3800円

ボストンの博物館で教育プログラムに関わってきた著者が、博物館教育について必要な視座と方法について論じる。博物館学芸員必携の書。

●本書の主な目次●
- 第1章　博物館教育の重要性
- 第2章　教育理論
- 第3章　初期の来館者研究
- 第4章　来館者研究の諸相
- 第5章　はしご理論とネットワーク理論
- 第6章　来館者を研究する
- 第7章　博物館における学びの裏付け
- 第8章　構成主義に基づく博物館